子供の『創造性』を豊かにする授業

集団で新しい価値を生み出す
『創発の学び』の実現とこれから

岩手大学教育学部附属小学校 著

教育出版

はじめに

　本校は，昭和44(1969)年度の「創造性を育てる指導」以来およそ半世紀に渡り，常に豊かな創造性を子供自身の手で創り上げていく学びのあり方を求め，その教育課程の開発・実施・改善を推進してきました。それは，同時に，昭和58(1983)年，「未来を切り拓く人間の育成」を願って設定された，学校教育目標，特に「するどく感じ　よく考え　つくり出す子供」とも響き合うものです。

　平成27(2015)年度からは，研究主題「『創発の学び』を実現する教育課程の創造」のもと，「個々の考えを合わせながら，集団として新しい価値を創り出そうとする営み」を「創発の学び」として提案し，子供の創造性を豊かに育む試みとして探究してきました。これは，文部科学省国立教育政策研究所研究指定校事業の「論理的思考」の4年間の指定を受けながら，進めることができました。

　グローバル化の進展によって，一つの出来事が，国境を越え，さまざまな事象と複雑にからみあい，予測のつかない事態を引き起こすこともまれではありません。社会は流動化し，堅固に見える社会システムも液状化して，絶えず知識は更新され，未来を予測することはますます難しくなっています。そうした変化の激しい時代，液状化する社会の中で，子供たちは自らの人生をどのように切り拓いていくことができるのか，新しい時代を生きる子供たちに，学校教育は何を準備しなければならないのか，そうした問題意識のもとに，予測困難な時代に応答するために，受動的ではなく，主体的に他者と関わり合いながら，問題の解決を図り，新たな概念や価値を生み出していく，この営みを「創発の学び」として提案しようとするものです。

　本書は，この「創発の学び」を具現化してきた教育実践を中核にして構成されています。総論を受けて，各教科での授業の実際が提示され，具体的な手立てが理解されるようになっています。特に，「創発の学び」における評価については，国立政策研究所の山森光陽氏に寄稿いただきました。ご味読いただければと思います。次には，その基底にある「創造性」を，今度は「感性」に焦点を合わせて，「人間の強み」として構想しようと試みます。「子供の『創造性』を豊かに」育むための，次の新たな学びにつなげていきたいと考えているからです。

　最後になりましたが，本校の教育研究の推進にあたり，多くの方々から温かいご指導やご助言，そして励ましのお言葉を賜りましたことに改めて感謝申し上げます。また，刊行に当たっては，特に，教育学部から出版助成を受けましたこと，そして，ご尽力いただいた教育出版の石垣雅彦氏に，心からお礼を申し上げます。

　　令和2年4月

岩手大学教育学部附属小学校

校長　今野　日出晴

目　次

Ⅰ　人間の創造性を豊かに育む授業

Ⅱ　各教科で考える創発の学びとは

Ⅲ　人間の創造性を豊かに育む「創発の学び」の評価とは

Ⅳ　人間の創造性を豊かにする「これから求められる学び」とは

I

人間の創造性を
豊かに育む授業

〔1〕 我々が考える創造性とは

　これからの社会は変化を予測することが困難だと言われている。このような時代において，私たちは子供にどのような教育を行い，どのような力を培っていくべきなのだろうか。

　教育の2大機能は，「文化の継承」と「文化の創造」と言われている。私たちは，先人の努力によって創造された文化遺産を享受しながら次代に継承し，変化する社会に対応した新しい価値を創造することによって自分たちの未来を切り拓いていく子供たちを育成する必要がある。

　本校においては，「子供は未来を創る存在であるから，我々は子供たちに未来を切り拓くための素地を積極的に育成していかなければならない。また，未来を創る教育は，健全な人間の精神を育成する教育でなければならない」との理念から，学校教育目標を「未来を切り拓く人間の育成」と定めている。

　子供たちの学びは，先人の残した文化遺産や経験を吸収していく内容がほとんどである。その内容には，先人の発見や喜び，創造の苦しみも内包されている。しかし，それは整理された遺産や経験をそのまま受け止めることではない。先人たちの発見の喜びや創造の苦しみも含めて，その内容を自分のものにしていくことなのである。先人の発見や創造の過程をなぞるといっても，その学びの過程は，子供たちにとっては新たな発見であり，創造と言える。このような未知のものを創造する学びは，未来を切り拓く子供の資質・能力の育成に大きく資するものであり，本校が大切にしてきた学びでもある。

　本校では，創造性を「新しく，且つ，価値あるものをつくり出す能力，あるいは働き」と定義して研究を進めてきた。また，子供たちの創造性を「創造する能力」あるいは，「人格特性」と位置づけ，「特別な才能の創造性（potentiality）」を育成することだけではなく，それも含めた「自己実現の創造性（creativity）」を育むことに主眼を置いてきた。

　これらを踏まえ，個人の中で留まらせる創造性だけではなく，集団の中で個の創造性を発揮しながら新しい価値をつくり出すことにより，集団としての創造性も高めていくことを大切にしたいと考える。この集団での創造性は，子供たち同士の関わり合いにおいて発揮される。多様な仲間と関わりながら新しい価値をつくり出す力は，これからの社会にとって重要な力であり，AIにはない人間の強みであると言える。本校では，このような力を「創発力」と定義し，教育課程の創造を中核に，研究を推進してきた。

〔2〕 人間の創造性を豊かに育む 「創発の学び」 とは

　知識基盤社会と呼ばれ，これからの変化を予測することが困難な時代に，私たちは子供たちにどのような教育を行い，どのような力を培っていくべきなのか。これからの社会は，たくさんの知識を持っている人が活躍するのではなく，それぞれ一人ひとりの特徴や長所を生かしながら，人との関わりを大切にし，集団としてイノベーションすることが大切だと言われている。

　そこで私たちは，「個々の考えを合わせながら，集団で新たな価値を生み出す力・『創発力』」を軸とした教育課程の創造に取り組むこととした。

　では「創発」とはいったいどういうことなのだろうか。もともとは，物理学や生物学から発生した創発（emergence）という言葉であるが，最近では経済や組織づくりでも用いられるようになってきている。創発には，一人ひとりが持っている知識や能力を集団で合わせることにより，その集団の知識や能力以上のものが生み出されるという特徴がある。

創発力　個々の考えを合わせながら，集団として新しい価値を創り出そうとする力

新しい価値

- 日常生活の中での発見や気付き
- 新しいものの見方や考え方
- 問題解決の仕方
- 新たな知識や技能
- 思考や表現
- 先人たちがたどった道筋

　この創発力を発揮しながら，新しい価値をつくろうとする学びを「創発の学び」として，教育活動全体を通して子供たちの「創発力」を育むべく研究に取り組んできた。

(1) 創発力を構成する3つの要素

　子供たちに「創発力」を育むにあたり，その要素を「主体性」「創造性」「協調性」と捉えた。

　この3つの要素は，個人内のものであるが，集団での創発の学びによって，より深めたり高めたりすることができると考えた。

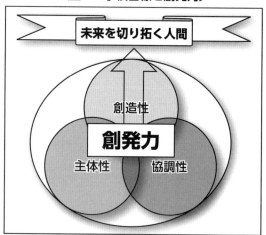

〔図1　学校目標と創発力〕

創発力の3要素

- **「主体性」**⇒知的好奇心や高い関心に基づいて，何かに応用できないか，展開できないか，他によいものはないかと考え，それを表出すること。
- **「創造性」**⇒学びの中での失敗や想定外のことを大切にしながら，粘り強く柔軟な思考で新たな価値を生み出そうとすること。
- **「協調性」**⇒同じ目標や目的の達成及び課題解決に向かって，他者を尊重しながら話し合ったり行動したりすること。

　また，創発力が育まれた人間像として，以下のような姿を掲げた。

- 自立した人間として，復興途上である岩手や日本の伝統や文化に立脚した広い視野と深い見識から，夢や理想の実現に向けて高い志や意欲を持ち，自ら行動し最後まであきらめない**主体的な人間**
- 社会の中で自ら問いを持ち，解決方法を計画・実行し，問題を解決する中で新たな価値を創造していくとともに，生み出された新たな価値をさらなる問題解決につなげることができる**創造的な人間**
- 他者に対して自分の考え等を根拠とともに明確に説明しつつ，また，相手の立場や考えを尊重しながら，自分の考えに取り込んだり考えを合わせたりして，多様な人々と協働していく**協調的な人間**

　以上のような資質・能力を備えた人間は，これからの社会を生き抜いていく人間像であり，本校の学校教育目標である「未来を切り拓く人間」と合致するものである。

⑵ 「創発の学び」で目指す子供の姿と汎用的スキル

　「創発の学び」は，日々の教科等の授業はもちろんのこと，教育活動全体の中で実現すべき学びである。そこで，我々が求める「創発の学びの姿」を以下のようにまとめた。

○混沌とした状態を乗り越え，決して考えることをあきらめない姿（主体性）
○今までの既有の知識・経験を総動員し，何とかしてアイディアを探し出そうとする姿（創造性）
○集団の中から突き動かされるようにその世界に向かっている姿（主体性・創造性）
○集団が個に，また個が集団に密接にかかわっている姿（協調性）

　これらの姿は，目的でもあり手段でもある。すなわち，我々は創発力を育成するという目的のために，その手段として「創発の学び」に取り組んできた。その「創発の学び」を各教科等の授業で積み重ねることで，教科等の内容がより深く，より広がりをもって理解され，教科の本質に迫ることができると考えた。
　また，「創発の学びの姿」が見られたとき，教科の枠を超え，横断的に発揮することのできる「汎用的スキル」，別の言い方をすれば「思考の武器」のようなものが使われていると考えた。本校では，この「汎用的スキル」を創発力と併せながら，以下の３つと捉えた。これらは，そのスキルを駆使し，それを自覚することで，より強くさらに強固でバランスのとれたものになっていくと考えた。

「創造的思考」
　⇒どのような課題であっても課題解決に前向きに取り組み，積極的に新しいものを生み出そうとする思考スキル
「批判的思考」
　⇒物事を広い視野から多面的・客観的に捉え，批判的，内省的に考えながら省察しようとする思考スキル
「共感的思考」
　⇒他者との関係の中で，相手を尊重しながら他者の考えを受け入れ，考えの中にあるよさを見付けようとする思考スキル

⑶ 「創発の学び」を実現するための要件とその手立て

　ではどのような要件がそろえば，「創発の学び」が実現できるのか。我々が考えたのは，以下の5つである。

創発の学びの要件

① 解決すべき新たな課題があること。

② 自分の考えを持たせる「間」を保証すること。

③ 仲間と協働しながら学ぼうとする態度を持つこと。

④ 実社会・実生活に近い学び（題材・教材・場面設定）を提供すること。

⑤ 教育課程全体で学びを構成すること。

---

① 解決すべき新たな課題があること

　「解決すべき新たな課題があること」は，「創発の学び」の要件の一番に挙げられる。子供の側から学びを見たとき，教師が示した課題が子供たちにとって，本当に「学びたい」「解決したい」課題として認識されるかどうかを改めて考えなければならない。教師は，課題が子供たちにとって本気で考えたくなるような意味のある課題か，学ぶ意義や価値が感じられる課題か，吟味する必要がある。

子供たちが学びたくなる課題

・できそうでできない，分かりそうで分からない課題

・答えが知識を得るだけでなく，知識を活用して表現するような課題

・学びのつながりのある課題

　課題設定だけではなく，未習と既習の連続性という観点からも課題を捉え直さなければならない。単位時間の中で，未習であったものが授業の進む中で既習となっていく。その既習の知識をもつことにより，新たな問いが見えてくる。次の問い，次の問いという連続性がまさに創造的な学びのスタートになる。

　また，課題と子供たちとの出会わせ方を工夫することも必要となる。各教科等の本質・特質を基にした上で，自然にその場面に引き込まれ，思わず考え込んでしまうような時間を大切にする。子供たちが，「はっ！」としたり，「えっ？」と自分の考えとのずれを見付けたり，「かっこいい，やってみたい！」とあこがれを持ちながら，必要感や必然性の中で，課題を設定することが必要となる。

　また，1単位時間だけでなく，単元の中でも新たな価値ある課題が子供たち自身の中に生まれ，活用されてより強く次の学びへとつながっていくことも大切にしたい。この場合，単元デザイン（カリキュラム・マネジメント）が大切になってくる。

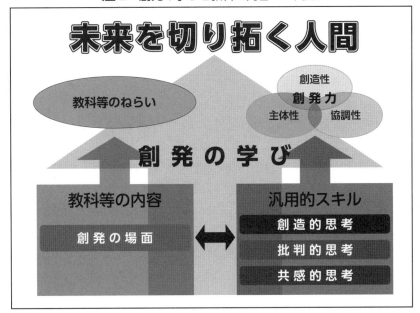

　単元のゴールの姿を設定し，終わりから導入へと逆向きに単元をデザインする。教師は，子供たちの「分かった」「できた」で終わらず，それらを「どのように使うのか」「それを使うとどんなよいことがあるのか」ということまで視野に入れて，単元をデザインすることが大切となる。単元の途中で，どのような経験をさせるのか。どのような力をどの場面で高めるのかを具体的にデザインすることよって，より課題が明確になり，また，課題の連続性も見えてくる。

　ここで大切にしたいのは，課題は教師から与えるものではないということである。子供が自ら学びたくなるような設えをすることで，子供自身が課題を発見するようにしなければ，創発の学びにはつながらない。このように考えていくと，課題意識とは，授業中絶えず連続する，あるいは授業の後半により強まるという考え方もできる。創発の学びは，そういった深い学びにつながると捉えることができる。

② 　自分の考えを持たせる「間」を保証すること

　「創発の学び」が集団の学び，しかも，新しい価値を創り出そうとする学びである以上，集団を構成する個に自分の考えがなければ，新しい価値を創り出すことも，価値を認識することもできない。子供たち一人ひとりに自分の考えを持たせるためには，先に述べた明確な課題意識や幅のある予想や見通しが必要となる。

　そこで，「創発の学び」においては，3つの間を有効活用し，自分の考えを明確に持たせることとした。その3つの間とは，「時間・空間・仲間」である。

　我々教師は，自分が計画をして授業を進めているため，学びの先が見えている。しかし，学びの主体である子供は，基本的に初めてその内容を学ぶのである。子供たちが自分の考

えを持つためには，時間を十分に保証して対象と向き合わせることが必要になる。対象をじっくりと見つめたり，たっぷりと活動したりすることで，個々の内部情報が蓄積され，その内部情報を基に自分の考えを持ち，予想を立てながら次の学びへと向かうことができる。

空間は，対象と向き合う場面や場所，物のことを意味する。最近では，インターネット等の普及により，手軽に映像や動画で資料等を提示することが容易になったが，実物に勝るものはない。十分に触れたり，動かしたり，または自分の体を使って歌ったり，描いたりすることが，自分の考えを持つことにつながる。

自分一人では考えつかないことも，仲間と相談したり，誰かをお手本にしたりすることで，自分の考えを持つことができる場合が多くある。安易に仲間と相談するという手段をとることは望ましくないが，仲間と一緒に自分の考えを持つことを繰り返すことによって，一人でも自分の考えを持つことにつながっていくと考える。

以上，「時間・空間・仲間」の3つの間を組み合わせながら，自分の考えを持たせることで，全員が創発の学びに参加することが保障されていく。創発の学びでは，個の考えが集団の考えの質を高めるため，それぞれが自分の考えを持ちながら，集団の学びに参加することを大切にしてきた。

③ 仲間と協働しながら学ぼうとする態度を持つこと

「協働する態度」は，温かい人間関係を土台として他者を尊重しつつ話し合ったり折り合いをつけたりできるという意味で大切な要件と考えられる。なぜなら，個人の学びは，協働的な集団の中でこそ，伸長し深められると考えられるからである。学級の中に失敗や誤りがあったとき，それを冷やかされたり冷たく無視や叱責されたりしたらどうだろう。その子は，失敗を恐れて二度と口を開こうとしなくなるのではないだろうか。そうした学級では「創発の学び」は成立しない。たとえ失敗した子，誤った子がいても，決して全てを否定することなく，その発言の受け入れられる部分を見付けて認めたり，逆転の発想でそれを認めたりできる教師とその集団が必要である。そうした集団の中でこそ，協同的な態度は育まれる。

最近，プラットホーム化の重要性が叫ばれている。プラットホームでは，自分の課題解決に向けて，必要な力やアイディアを持っている仲間を募る。これには，仲の良い友達を選ぶのではなく，考えに根差した選択が必至となる。学校の授業では，そのように他者の力やアイディアに助けられる場面が日常的にある。日々の学校生活の中で，仲間から意識的に情報を得ていくことが大切になる。

④ 実社会・実生活に近い学び（題材・教材・場面設定）を提供すること

学校の学びは，学校の中だけのもので閉ざされている学びになりがちではないだろうか。例えば外国語科の授業において，実際に使う場面も想定されず，ただ繰り返し英語表現を発話したとする。それでは，やらされているだけで，新しい価値の創造どころか学び

〔図3　全体構造図〕

に対する意欲の低下を引き起こしかねない。そこでキーワードとなるのが「実社会・実生活に近い学び」である。最近では，「オーセンティック（真正な）な学び」と呼ばれており，奈須氏は以下のように示している。

> 子供たちの学びを現実世界の状況や文脈に可能な限り近づけることにより，習得された知識・技能も本物となり，現実の問題解決に生きて働くものになること
>
> 　　　　　　　　　　　　　　　　　　　　　　　　　　　　　　（奈須正裕 2015）

　創発という集団で思考する場面を考えたとき，「オーセンティックな学び」に近づければ近づけるほど，問題の状況は実社会・実生活の複雑で難解なものになりがちである。よってそのままを与えるのではなく，そこに現実の世界を教科等の文脈に読み換えたり置き換えたりし，単純化する作業を伴うことが大切となる。そこで，教師が様々な手立てを講じて，教えるべきところはしっかりと教えること，つまり「明示的な指導」が大切になってくる。教師が教えたいことは教え，それを基に子供たちに考えさせる。すべて子供に任せていては，時間も膨大にかかり，質も低下する恐れがある。教えることと考えさせることのバランスを取り，指導していかなければならない。

⑤　教育課程全体で学びを構成すること

　学びを創ると聞くと，授業の中だけを想定しがちであるが，子供にとっては授業だけが学びの場ではない。そこで，授業を含めた教育課程全体で「創発の学び」を考えることとした。

　子供たちにとって創発力を高める教育課程とはどのような工夫が必要なのかを考え，実行，修正をしながら進んできた。

創発の学びを充実させる教育課程の工夫

〇委員会の時間の延長 45 分から 60 分へ

　　自由な話合いの場，教師もゆったりと子供の意見を聴くことのできる場。子供たちが，議論に浸ることのできる時間を保障した。

〇たてわり活動において子供主体で遊ぶ活動

　　異学年集団で活動する時間である。自分の意見や考えが実現できるように，6 年生のリーダーを中心に取組の充実を図った。

〇のびのびタイム

　　教科好きを育てる取組として朝活動の時間を授業の発展や教科等の枠をこえた教員のチャレンジができる時間とした。

〇教科担任制の工夫

　　本校では学級担任が学級経営の中核を担うため，最小限での教科担任制をとっている。経験の少ない担任は学級を中心にして，各教科の主任などは他学級への出入りを多くしている。

〇日課表の集中と選択

　　本校は 2 学期制を取っている。前期の水曜日は 6 時間目をカットし，5 時間授業とした。空いた 6 時間目の時間を使い，勤務時間内を研究に浸る時間とした。カットした 6 時間目の分（18 時間程度）は後期に 3 日授業時数を取った。

　それぞれの学校でも既に実施していることがたくさんあるかと思う。我々も最初は，これらの活動を行いさえすれば，子供たちの力は高まると過信していた。でも，今ならはっきりと違うといえる。大切なことは，これらのカリキュラムを行うことではなく，教師全員の共通理解の下，活動の意味や意義を適切に捉え，前述した「創発の学びの要件①～④」に則り，どの場面でも同じ指導がなされることである。そのことで，子供たちは繰り返し創発の学びを体感し，確実に創発力を育んでいくことにつながると考える。

II

各教科で考える
創発の学びとは

言葉の力を育み，主体的・対話的に学ぶ子供

1　国語科における創造性とは

　私たちは，母語である国語によって，知識や知恵を獲得することができる。また，国語は各人の根元的な基盤となっており，子供たちの能力の形成にも大きく関わっている。国語はあらゆる知識の獲得と能力の形成に関わるものであり，各人の知的活動の基盤を成すものと考えることができる。

　私たちは和歌や俳句，古典文学などの様々な作品を読むことによって，美しい日本語の表現やリズムに触れ，豊かな感性や情緒を培うことができる。それは，国語を通して身に付けられることであり，私たちの感性や情緒の基盤を成すものと考えることができる。

　さらに，コミュニケーション能力の基盤を成すのも国語である。言葉や文字などによって自分の意思や感情などを伝え合い，コミュニケーションを成立させることは，私たちが社会の中で生きていく上で欠くことのできないものであり，その最も基本的な役割を担っているのが国語である。つまり，知的活動，感性や情緒，コミュニケーション能力の基盤を成すものとして，子供たちの自己形成に大きく関わり，さらに生涯を通じて個人の自己形成に関わることが国語科の本質と考える。

　国語科は「言語を学ぶ，言語を通して学ぶ，言語について学ぶ」教科である。すなわち，目的にもなり，ツールにもなり，内容にもなり得るという点が他の教科とは性質が異なる。言語そのものが学習の対象になり，また言語という道具を使うことによって言語の内容に迫るという点が，国語科の大きな特質と考える。私たちは，言語を通して思考し，思考したことを言語によって表現している。つまり，相手の考えを聞いたり文章を読んだりして思考するときも，思考したことを話したり書いたりして表現するときも，私たちは言語である国語を通して行っている。私たちは，国語科における創造性を「言語を通して思考し，新しい考えや価値を生み出そうとすること」と考える。国語科の学びの中で，創造性が発揮されるのは，課題に向かって自ら解決方法を考え，さらに集団で協働的に課題解決を行う過程においてである。個の思考の中で創造性が発揮されることもあるが，集団の学びにおいて，新しい考えに触れ，もう一度自己の考えを見つめ直したり，違う考え方に価値を見出したりする中で，創造性が大いに発揮されると考える。

2　国語科における創発の学びとは

　国語科が考える創発の学びとは，「集団での学び（ペアやグループ，学級）を通して，一人では思いもしなかったことや自分では考えつかなかった新しい考えや価値が生まれること（創発）で，子供たち自身が自己の変容を認識したり，新たな内容を獲得したりすることができる学び」と捉えている。

それにはまず，子供たち自らが，個々の学びの中で思考しなければならない。己の考えを認識し，整理する必要がある。そして，集団での学びの中で創発という新しい価値を創り出そうとする営みを行うことによって，子供たち自身が自己の変容を認識したり，新たな内容を獲得したりすることができると考える。

　国語科の学びにおいて，創発の学びの具体的な場面として，例えば以下のような場面が考えられる。

- あるテーマについて討論を行い，よりよい考えを導き出そうとしている場面。
- 討論を聞きながら，どちらがより説得力のある考えかを思考している場面。
- ガイドブックをつくる際の編集会議において，内容を話し合っている場面。
- 物語を読み，作品の主題について考えている場面。
- 言葉を使う相手や場面によって，どのような表現が適切なのかを話し合っている場面。

3　国語科における創発の学びの手立て

(1)　子供たちが主体的に学ぶ課題設定と単元計画の工夫

　創発の学びを創り出していくためには，「登場人物の気持ちの移り変わりをみんなで考えてみたい」「この説明文の書き方はこれでいいのだろうか」など，子供たちが主体的に解決したいと思うような課題の設定が大切になってくる。また，身に付けたい資質，能力を確実に身に付けさせるために単元計画を工夫し，言語活動の充実を図ることで，常に言葉に着目し，単元を通して主体的に学習に取り組むことができる。

(2)　創発を生み出す関わりの場の設定

　創発の学びには，集団での学びにおいて他者との「関わり」が重要になる。自分にはない考え方に触れたり，集団としての新たな考えを導き出したりするためには，関わりの場を設定することが不可欠である。学習課題を解決するために，言葉に目を向け，叙述を根拠としながら自分の考えを友達と伝え合ったり，みんなで話し合ったりすることで，他者と関わりながら新たな考えを創り出すことができる。

比較・交流を通して文章構成のよさに気付く力を高める
3年「自分の考えを伝えるためには」

◇目指す「創発の学び」の姿

> 説明文の型に着目し，その特徴を知るとともに，書き手の思いが伝わる型を選択しながら，文章に表現しようとする姿。

◇本実践の内容

　本単元では，考えの根拠となる理由を挙げる際に，自分の経験をもとに考え，他者に伝える意見を明確に示したい。自分の意見を明確にすることは，そのプロセスにおいて考えを整理・分析し，自分の考えにこだわりを持つことである。そのことで，主体的に取り組むことができるようになると考える。

　そのために，子供たちにとって身近で経験のあることを話題にしながら学習を進める。自分の意見と友達の意見の違い，また，意見文の書き方の違いについて気付き，お互いよさを取り入れていけるようにしたい。友達の文章や考えに触れることにより，自分の経験だけで考えていることが広がっていく。この関わりが，まさに創発の学びである。友達との対話によって，考えを交流したり，考えの変容をノートに書いたりすることを通して，自分の考えが明確になったり，広がったりしたことを自覚させていく。また，単元を通して，分かったこと，できたことを振り返る機会を設け，創発の学びを通した自己の変容を自覚化させていきたい。

◇育成を目指す資質・能力

知識及び技能	・句読点を適切に打ち，改行の仕方を理解して文や文章の中で使うことができる。
思考力・判断力・表現力等	・書く内容の中心を明確にし，内容のまとまりで段落をつくったり，段落相互の関係に注意したりして，文章の構成を考えている。 ・自分の考えとそれを支える理由や事例との関係を明確にして，書き表し方を工夫している。 ・書こうとしたことが明確になっているかなど，文章に対する感想や意見を伝え合っている。
学びに向かう力・人間性等	・話題や文章の組み立て方，考えの伝え方について，興味や関心をもって書こうとしている。

◇単元計画（全8時間）

第1時：自分の考えを相手に伝えた経験を想起し，教科書の話題を元に，意見文を書く。

第2時：学習課題を設定し，学習計画を立てる。

第3時：文章を読み比べ，頭括型，尾括型，双括型の文章のよさについて話し合う。(本時)

第4時：話題に沿って，自分の意見を伝える際に必要な，理由をメモに書く。

第5時：文章の組み立てを考える。

第6時：メモをもとに身近な話題について意見文を書く。

第7時：推敲し，気付いたこと等を交流する。

第8時：書いた意見文を読み合い，感想を伝え合う。

◇本時の目標

文章の段落構成や書き方の違いに気付き，感想や意見を伝え合うことができる。

◇指導上の留意点

本実践のゴールは，意見文を書くことである。そのゴールに向かって，読み手を意識し，分かりやすい文章を書く力を創発の学びを通して獲得させたい。

まず，3つの意見文を比較しながら読み進めていくと，書き手の意見が書いてある場所がそれぞれ異なっていることに気付く。書き手の気持ちを伝えるには，どの書き方が一番効果的かを考え，友達と意見を交流する。友達の考えを聞いて考える中で，それぞれの書き方のよさに気付き，目的に応じて文章の書き方を選択できるようにしていく。

創発の学びを実現する…ここがポイント

〇モデル文の比べ読みで違いを明らかにしよう

頭括型，尾括型，双括型の3種類を提示し，それぞれどのように書かれているか，結論をどこに書いているのかを比較することで特徴を明らかにする。

〇友達の意見から自己の変容を感じ，言語化させよう

子供たち同士のやり取りの中で，それぞれのメリットやデメリットを伝えていく。もう一度それぞれの特徴を明らかにすることで，これから意見文を書く際に，目的によって文章構成が選択できるようになってくる。

◇**授業の実際（第３時）**

ポイント１ ３つのモデル文を読み比べ，違いを明らかにする

T：A，B，Cを読んで，同じところ，違うところは見付けられましたか？

C：言いたいことは３つの作文とも一緒です。

T：言いたいこととはどんなことですか？

C：夏休みに行きたい場所を海に行きたいか，山に行きたいかどちらかを書いています。

T：気が付いたことはほかにもありますか？

C：伝えたいことを書いてある場所が違います。

T：どういうことかな？詳しく教えてください。

C：Bは伝えたいことが最後にだけ書いてあります。

T：伝えたいことが，最後に書いてあるのですね。
　　BとCはどうですか？

> モデル文を読ませることで，同じ内容を伝えるにも様々な書き方があることに気付かせる。子供たち同士のやりとりで１人では違いに気付けなかった子も，気付くことができる。

C：Aは最初に書いてあります。Cは最初と最後に書いてあります。

C：AとBを組み合わせたのがCだと思う！

C：そうですね。

T：みんなよく気が付いたね。それぞれの違いを簡単に言うとどういうことですか？

C：言いたいことを先に書いている人とあとに書いている人と，２回言っている人がいます。

T：それでは今日は，３つの書き方のよさをみんなで見付けてみんなが意見文を書くときにどの型で書くかを考えていきましょう。

　創発の学びを実現させるためには，一度，子供同士の見方をそろえることも必要である。全員で共通理解を図ることで，学びの土台をそろえることができる。そろえるからこそ，そこからそれぞれの新しい価値を創り出すことができる。

ポイント2 友達の意見から自己の変容を感じ，言語化する

T：それでは，みんなはどの型の意見文が一番意見を伝えられると考えましたか？

C：ぼくは，頭括型がいいと思います。先に結論を言うと分かりやすいからです。

T：○○さんは，最初に結論を言っているほうが分かりやすいのですね。皆さんはどうですか？

C：私は尾括型が好きです。呼びかける文が書いてあったり，結論が最後に書いてあるので読んでいてわくわくしてきます。

C：私も尾括型がいいと思います。読み手が「どうなるのかな？」と，興味を持って読み進められるからです。

C：確かに，興味を持って読むことができるけれど，自分の意見を伝えるのは，双括型がいいと思います。大事な事は1回より，2回書いたほうが相手の印象にも残ると思います。

T：みんなのお話を聞いていると，それぞれのよさが分かってきましたね。他のみんなはどうですか？

C：私は，やっぱり頭括型が分かりやすいと思います。授業中に発言をするときも，先に意見を言ってから，理由を言うからです。

C：**みんなの意見を聞いて，双括型は2回言うのも思いが伝わりやすいと思いました。**

> はじめは頭括型のよさを捉え発言していた。しかし，仲間の発言を聞くことで，他の表現技法のよさに気付き，他のよさも見つめることができた。集団だからこそ学べた瞬間である。

C：**意見文を書くときは，双括型がいいけれど，好きな物をおすすめするような文を書くときは尾括型も使いたいと思いました。**

> 自分の書きたい文章に合わせて表現技法を選んでいる。仲間の意見を比べながら聞くことで，自分の中で表現に対しての変容を認めることができた。

(考察)

　本実践では，同じ内容を書いている3つのモデル文を提示した。内容は同じでも，結論の場所によって，受け取る印象が違うことに気付かせた。子供は直観で，それぞれ自分が書くのならばどの型がよいかを考えていた。その後結論の位置で分かることや受ける印象の違いを話し合うことで，それぞれの意見文の型の特徴とそのよさについて考えることができた。
　また，「頭括型」「尾括型」「双括型」という学習用語をしっかりと押さえたことで話合いの土台がそろい，新たな考えを生み出そうという意欲を持たせることができた。自分の意見を伝え合う場面では，まず「自分が一番意見を伝えられると思う意見文」を決定し，話合いを深めた。そのことによって，根拠や理由がはっきりした自分の考えを持つ子供たちが増えたと感じる。その後，子供たちは，それぞれの立場を明確にしながら交流することで話合いが深まり，今まで気付かなかった他の型のよさや特徴に気付くことができた。

(大森 有希子)

国語科　実践例❷

集団での関わり合いにより，新しい見方，考え方に気付く
5 年「大造じいさんとガン」

◇目指す「創発の学び」の姿

> 大造じいさんの心情の変化を捉えるとともに，関わり合いにより，「行動描写」や「情景描写」「会話文」などの根拠となる文章に着目し，ランキングを付けた理由を明確に表現する姿。

　優れた表現に注目して読むことで，各場面を繋いで，大造じいさんの残雪に対する見方や心情の変化を捉えることができる。そのことが物語「大造じいさんとガン」の魅力を見付けることにつながってくる。また，色彩豊かな情景描写や文語調の語りなど，表現上の工夫や特徴に着目し，情景描写と心情変化を関連付けることにより，狩人としてのじいさんの思いや行動に共感しながら優れた叙述を味わうことができる。

◇育成を目指す資質・能力

知識及び技能	• 思考に関わる語句の量を増やし，話や文章の中で使うと共に，語句と語句との関係，語句の構成や変化について理解することができる。
思考力・判断力・表現力等	• 「読むこと」において登場人物の相互関係や描写などについて，描写をもとに捉えている。 • 「読むこと」の領域において，人物像や物語の全体像を具体的に想像したり表現の効果を考えたりしている。
学びに向かう力・人間性等	• 進んで人物像や全体像を具体的に想像し，学習の見通しをもって読み取ったり想像したりしたことをもとに大造じいさんに手紙を書こうとしている。

◇単元計画（全 9 時間）

　第 1 時：「大造じいさんとガン」を読むことについての目的意識を持つ。

　第 2 時：単元の課題に対して自分の考えをまとめる。

　第 3 時：「大造じいさんとガン」の内容と設定を捉える。

　第 4 時：構造とクライマックス場面を捉える。

　第 5 時：3 つの作戦に順位をつけることで，大造じいさんの気持ちの変化を読み取る。
　　　　　（本時）

　第 6 時：大造じいさんの残雪に対する見方の変化について考える。

第7時：大造じいさんが残雪を放す場面から，大造じいさんの残雪への思いについて考える。

第8時：大造じいさんに対して手紙を書くことで自分の考えをまとめる。

第9時：書いた手紙を読み合うことを通して，考えを共有し，考えを深める。

◇本時の目標

大造じいさんの心情の変化を捉えるとともに，関わり合いにより，「行動描写」や「情景描写」「会話文」などの根拠となる文章に着目しながら理由を考えることができる。

◇本時の指導上の留意点

本時は，3度の戦いに「大造じいさんが成功させたかったランキング」をつけるところから始まる。3つの戦いを比べながら見ていくと，作戦①「ウナギつりばり作戦」，作戦②「タニシばらまき作戦」の前後には心情の変化があまりないのに対し，作戦③「おとり作戦」の前後の心情は大きく変化していることに気付く。ランキングの順位を考え，理由を交流することで，「行動描写」「情景描写」「会話文」などの根拠となる表現に目を向けさせるようにする。また，3つの作戦をランキング付けすることを通して，自分の考えを持つことや叙述を根拠にしながら考えること，叙述を関連付けながら自分の考えを主体的に表現することができるようにしていく。

また，お互いの考えを明確にさせて関わり合うことを通して，自分と友達の意見の違いやよさに気付かせていく。

その後，再度自分の考えを整理する時間（自己内対話）を設け，確かな自分の考えを持たせていく。振り返りの際には，友達の見方や考え方で参考になったものも書かせることで，自分の見方や考え方の広がりにも気付かせたい。

創発の学びを実現する…ここがポイント

○関わり合いを通して考えを広げよう

考えの「ずれ」に気付かせる発問をすることで，考えの交流が活性化する。一人では気付けないことも，友達の考えを基にしたり，取り入れたりすることで，考えの質を高めることができる。

○自己内対話で内容を深めよう

考えを深めるためには，自分自身がよさを感じながら，よりよくなろうとしなければならない。そのためには，友達の「見方」のよさや「考え方」のよさに気付くことが大切になる。自分自身の考えを見つめ直し，再構成する時間が大切になる。

◇授業の実際（第5時）

ポイント1 関わり合いを通して，考えが広まる

T：3つの作戦で大造じいさんが一番成功させたいと思っている作戦はどれだと思いますか。

　　ウナギつりばり作戦（5名）

　　タニシばらまき作戦（10名）

　　おとり作戦（13名）

T：ウナギつりばり作戦の人の考えを発表してください。

C：今までガンが取れなくなってきたと言っているからすごく悔しい気持ちだと思うからです。

C：「一面にくいを打ち込んだ」と書いてあるから一気にたくさんのガンをとれる可能性があるからです。

T：タニシバラマキ作戦の人の考えを教えてください。

C：「夏のうちから」「タニシを五俵」と書いてあって，いちばん準備をしているから気合が入っていると思います。

C：小屋をかけて（つくって）まで準備をしています。

C：一番うまくいきそうだという確信があったんじゃないかな。

T：おとり作戦の人は何ですか？

C：「ひきょうなやり方でやっつけたくはないぞ」と書いてあるから，ひきょうなやり方をしてまでも捕まえたかったんじゃないかと思います。いちばんやる気が高いです。

C：残雪とのライバル関係も上がってきています。

C：ガンの習性についても研究しています。絶対取ってやるという気持ちが表れています。

T：それでは，大造じいさんが一番がっかりしたランキングをつけるとすると何ですか？

　　ウナギつりばり作戦（3名）

　　タニシバラマキ作戦（25名）　　| 一人ひとりの考えの「ずれ」に目を向けさせ，一人ひとりの考えをゆさぶる発問をすることで叙述に目を向けさせる。

　　おとり作戦（1名）

T：**普通，成功させたい気持ちが強ければ強いほどがっかりするのではないですか。**

C：でも，がっかりしていません。晴れ晴れとした顔をしています。

C：3つの場面を比較すると，「タニシばらまき作戦」だけ，得るものが何もないです。
　「ウナギつりばり作戦」では，おとりのガンを得ているし，「おとり作戦」では，残雪への気持ちを得ている気がします。

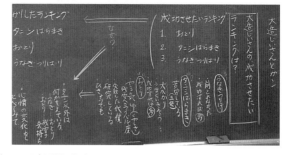

T：3つの作戦を比べて見ることも大切な見方ですね。

C：3つの作戦の後の大造じいさんの心情を比べてみると，「ウナギつりばり作戦」や「タニシばらまき作戦」は声をあげているだけだけど，「おとり作戦」では，残雪に対する考え方が変わっています。

ポイント2 子供たちが自己内対話で自分の考えを確かにする

（タニシバラマキ作戦）→（おとり作戦）

Before

「タニシを５俵ほど集めてえさ場として準備していたのに，一匹しかガンをとることが出来なかったから。」

After

→「大造じいさんと残雪が何度か戦ったことによって，ライバル度がアップしている。大切に飼っていたガンを使ってまでも作戦を成功させようという大造じいさんの気持ちが伝わってくる。」

> 残雪に対する考え方の変容と作戦の内容を関連付けることで，作戦にかける大造じいさんの意気込みを捉え直している。

（おとり作戦）→（おとり作戦）

Before

「始めは根拠無し。」

After

→「今まで何度も失敗してきているので，その悔しさが増している。残雪へのライバル意識も高まっているのが，『東の空が真っ赤に燃えて』の気持に現れているから。」

> 友達の考えを参考にし，情景描写に着目し，その意味と作戦とを関連付けることで，自分の考えを確かにしている。

（振り返り）より

○ 私は，最初は「成功させたい作戦一位」は「おとり作戦」だったけど，「夏のうちから」や「4, 5 日もごちそうが続いた」や「小屋をつくった」などの文章から大掛かりだということに気付きました。文をつなげて読むことが大切だと思いました。

> 叙述に目を向ける「見方」や，関連付けて考えるという「考え方」に気付いている。

○ 3 つの作戦を比べて読むことで，大造じいさんの気持ちの変化が分かりました。△△んの「ううむ」などの表現に注目する読み方もおもしろいと思いました。

> 比較するという「考え方」のよさに気付いている。

（考察）

　創発の学びには，集団での学びにおいて他者との「関わり」が重要になる。自分にはない考え方に触れる関わりの場を設定することが不可欠である。本実践では，ランキング付けをするという課題に対してそれぞれの考えを交流することを通して，今まで考えなかった「見方」に触れ，言葉と言葉のつながりや，情景描写に目を向けたり，比較・関連付けたりするなどの「考え方」のよさに気付くことができた。また，子供たちに交流前と交流後に 2 度考えを書かせることで，自己の変容を自覚させることができた。

（小田　誠）

社会的な見方・考え方を働かせ，新たな価値を見出そうとする子供

1　社会科における創造性とは

　社会科における創造性とは，予測が困難な時代においても，社会的事象について主体的に問題を発見し，諸能力を駆使して解決したり，様々な情報を見極め，概念的な理解を経て新たな価値を創り出したりすることであると考える。これは，これまで社会科の学習の中で大切にしてきた「問題解決的な学習」そのものであり，社会的な見方・考え方を働かせ，国家及び社会の形成者に必要な公民としての資質・能力を育成する過程で発揮されるものと捉える。

　これまでの研究では，これからの社会（未来）において「様々な人々とともに，目標に向けて協力する力」や「学習の成果を広げる力」が特に大切になってくると考え，「交流活動」や「発信活動」のあり方を模索してきた。そして，社会的事象を自分事として捉えさせる工夫や，学びを実感できるような振り返りの工夫を社会参画の素地や社会的な見方や考え方の基礎を育む手立てとしてとってきた。しかしながら，研究を進めていく上で，社会的事象をより公共的な見方で捉えていくことや，現在抱えている諸問題と重ねながら，人々がどのように関わっているのかを捉えたりすることに課題が残った。

　そこで，今日求められる社会科の創造には，現在抱えている諸問題等について，集団の中で解決を図りながら，よりよい社会について考えを広げていくことが重要であると考える。

2　社会科における創発の学びとは

　社会科では「新しい価値」について，「子供自らは見えていなかった事象や，人々が直面している様々な事象について，今まで持ち得ていなかった社会的な見方や考え方を獲得していくこと」だと捉えている。これは社会科の学びの文脈の中，すなわち，社会科の特質である問題解決的な学習の流れの中で，教師が意図的に手立てを組むことによって創り出されるものであり，これらの積み重ねが，将来の子供の学びにつながるものだと考えた。社会科では，高い関心や意欲を持ち問題を解決しようとする主体性と，様々な立場から物事を捉え，社会全体と自分との関わりの中で事象の意味を考える創造性を重視したい。そして，他者との関わりの中で自分の考えを伝えるとともに，他者の立場や考えを受け入れ，折り合いをつけながら事象の意味を考えていく協調性が必要であると考える。これらは，全体研究テーマ「創発の学び」における「集団」での営みを経て，「個」の高まりを目指すことにもつながるとともに，創発力の3要素である「主体性」「創造性」「協調性」と合致する。私たちは，これら3つの要素に着目することで，社会科における「創発」の学びに迫ることができると考えた。このことから，社会科における創発の学びを，「主体

的な問題解決の過程において，個々の情報や考えを持ち寄り，集団で関わり合いながら社会的事象の理解や意味を見出していくこと」と捉えた。

　ところで，「主体的・対話的で深い学び」の実現に向けた授業改善の視点から社会科の授業を紐解いていくと，「主体的な学び」の具体的な子供の姿として，①興味や関心を持っていること，②見通しを持っていること，③粘り強く取り組んでいること，④自分の学びの振り返りができること，の4つに整理することができる。教師のねらいを実現する指導計画を子供と共有し，単元レベルでのストーリーの中で学習問題の解決に向け，何に着目し，どう調べていけばよいのか，学習の連続性の中で自分の「学ぶべきこと」と「考えるべきこと」を知ることが，主体性をもたらすのだと考えられる。また，学習したことを振り返って，自分の学びの質と内容を自覚できるようにすることが，次の学習に向けてさらに問い続ける姿勢，すなわち「学びに向かう力」を鍛えていくことになる。

3　社会科における創発の学びの手立て

(1)　集団で解決したくなる問いの設定

　問題意識を高めると同時に，個の考え方だけではなく，様々な立場や多様な考え方を基に解決を導くことができるような，「問い」や「課題」を設定していく。

(2)　現代社会や人の生き方に迫る教材の開発と資料・発問の工夫

　現在，解決を迫られているようなオーセンティックな社会的な課題，または，解決の方法によって，メリットやデメリットが生まれ，解決にあたり調和が求められるような課題，扱う社会的事象に関わる人の葛藤が介在する課題は，大人も悩み，子供も悩む。そのような問いが生まれる教材と資料の開発を目指していく。

(3)　主体的な問題解決を促す単元構成の工夫

　主体的な問題解決を促していくために，単元の構成を工夫する。たとえば，複線型に個々が解決を行い，集団で解決を図る単元構成や，単元全体の問いが段階的により現実的な問題に近づいていく単元構成など，単元の構成によって，子供がより主体的に解決を目指していくように工夫する。

社会科　実践例❶

単元の学びを生かし，市の未来を提案する
3年「盛岡市のうつりかわり」

◇目指す「創発の学び」の姿

> 捉えた知識を追究場面で活用し，実際の社会における課題について考え合う体験を通して，社会的事象についてより深く理解しようとする姿。

◇本実践の内容

本単元は，新学習指導要領の第3学年の内容(4)「市の様子の移り変わり」に基づき設定した新単元である。「歴史と人々の生活」に区分される3年生唯一の単元であり，市の様子の移り変わりを捉えることで，地域の社会生活を総合的に理解するとともに，地域社会に対する誇りと愛情，地域社会の一員としての自覚を養うようにしていく。

◇育成を目指す資質・能力

知識及び技能	・盛岡市や盛岡市の人々の生活の様子は，時間の経過に伴い移り変わってきたことを理解する。 ・聞き取り調査をしたり，地図などの資料で調べたりして，年表などにまとめることができる。
思考力・判断力・表現力等	・交通や公共施設，土地利用や人口，生活の道具などの時期の違いに着目して，市や人々の生活の様子を捉え，それらの変化を考え表現している。
学びに向かう力・人間性等	・盛岡市の移り変わりや盛岡市における人々の生活の変化をもとに，これからの盛岡市の発展について，自分なりの考えを持とうとしている。

◇単元の計画（全7時間）

第1時：単元の学習問題を設定し，解決の見通しを立てる。

第2時：交通や公共施設の移り変わりを捉える。

第3時：人口や土地利用の移り変わりを捉える。

第4時：生活の道具などの時期による違いを捉える。

第5時：盛岡市や盛岡市の人々の生活の移り変わりをまとめる。

第6・7時：盛岡市の未来について考え討論する。（本時）

◇**本時の目標**

　市や人々の生活の様子や変化を，市の総合計画をもとに自分なりの観点で市の未来への提案を考え，表現することができる。

◇**指導上の留意点**

　導入においては，市の様子の移り変わりについて年表にまとめたものを振り返り，交通や公共施設，人口などの観点から，市が発展してきていることを捉えさせる。そのうえで，単元の導入で市役所の方から受け取った「市の未来について考えてほしい。」というメッセージを想起させ，学習してきたことを生かして，市の未来について提案したいという意欲を高めさせたい。

　問題の追究の場面では，これまで学んだ市の移り変わりの観点を基にして，どのような未来の盛岡になってほしいのか，自分の考えを付箋に書き表し，学級全体で分類することで，構想の足掛かりをつくらせたい。また，観点のイメージを持ちながら，市の総合計画の表紙絵と内容(簡単にしたもの)を示すことで，市の未来像を提案する実感を持たせたい。

　本時後半（第7時）は，友達との議論や未来についての提案を，市役所の方に直接伝え，考えたことに対する評価をもらう活動を設定する。友達との議論の中で新たな価値を生み出して提案にまとめることで，市の発展について子供たちなりの未来像を構想させたい。

創発の学びを実現する…ここがポイント

○単元の学びと市の未来構想の関連を表す資料提示をしよう

　様々な観点から市の様子や人々の生活が変化してきたことについて，自分たちでつくった地図や年表を用いて，相互に関連付けたり，結び付けたりして特徴を捉えることにつなげていく。さらに，市の総合計画の表紙絵を活用することで，3年生でも市の発展に関心をもてるような学びのきっかけとする。

○広がった思考を絞る発問の工夫をしよう

　「提案の中で一番大切なものは何か」と思考を絞る発問をすることにより，それぞれの観点に沿った取り組みの必要性や市役所の総合的な取り組み，そして，市民として考え続けることの大切さなど，市の未来を考える意味の理解を図ることにつなげていく。

◇授業の実際（第6時）

ポイント1 単元の学びと市の未来構想の関連を表す資料提示

　学習問題「盛岡市の様子はどのように変わってきたのだろう」について，市が作成した総合計画の表紙や内容を簡単にまとめた資料を提示し，自分たちの学びと市の考える未来像の共通点を探りながら，提案への意欲や学習を生かして構想する意欲を高め，見通しを持たせたいと考えた。

（児童の様子）

T：「盛岡市の総合計画」には，将来，盛岡市がこんな市になってほしいという願いや計画が書かれています。**この表紙から，どんな願いが書かれていると思いますか。**

C：岩手山がかいてあるから「自然を大切に」だと思います。

C：石垣があるから，昔から残っているものを大切にしたいんだと思います。

T：お侍さんの時代，江戸時代の地図も勉強したね。そのころからのことだね。

C：あ，赤ちゃんとお母さんがいる。

C：内側に人や車があるから，交通とか道路とか，人が便利な街になってほしいんだと思います。

T：交通の移り変わりも年表にまとめたね。そのことと結び付けたんだね。
　どうだろう，みんなが考えたことが合っているかな？**総合計画にどんなことが書いてあるのか見てみようか。**（文書資料提示）

C：（それぞれ音読）あー，似てる。

C：**合ってた！考えている事が近い！**

T：すごいねえ，盛岡市の人が考えている未来のことを，みんなも同じように考えられるんだね。もっと詳しくみんなの考えを聞きたいなあ。市役所の阿部さんも，「教えてほしい」って言ってたなあ。これまでの勉強を生かしてできないかなあ。

C：できるよ。提案しよう。ぼくたちにも考えられそうだよ。

> 　様子の移り変わりで捉えた内容と関連させながら市の総合計画の資料を読み取ることで，考察・構想に向かう発想を，子供たちの中から生み出すことができた。

広かった思考を絞る発問の工夫

　グループ協議と提案の後に，市の発展や市民としての行動など，社会的事象の意味をふまえたまとめにするための発問を行った。

T：どんな未来の盛岡になってほしいか，考えを発表してください。
C：住みやすく，安全で，盛岡市ならではのイベントで人口をふやし，楽しいくらしになってほしいです。
C：安全にくらせる街になってほしいです。
C：生活が便利で住みやすいまち。長生きできるまちがいいです。
C：古くから親しまれている行事や建物を受け継いでいき，新しい物もつくっていく。
C：自然をのこして人口を増やしたいです。
C：若者を集める(仕事を増やす)。祭りなどで観光客をよび，盛岡市の魅力を宣伝していった方がいいと思います。
T：みんな，学習したことをつなげて，本気で盛岡市の将来について考えられましたね。すばらしい。では，**みんなの提案の中で，一番大事なことは何だろう。**
C：一番？　……便利。
C：受け継ぐこと？
C：人口じゃない？
C：仕事もあるよ。
C：**全部じゃない？それぞれってことだよ。表紙の絵も全部描いてたし。**
C：あ，そっかあ。考えていたことと同じだ。
T：なるほど，それぞれが未来の盛岡のために大切な提案なんだね。
(この後，市役所の方から評価をして頂く。)

　　グループ協議後の提案について，「どれが一番大切か」を問うことにより，言葉だけではなく意味や内容に立ち戻って考えることができた。

─(考察)─
　交通や公共施設，人口の移り変わりなど，子供の学びを積み重ね，年表にまとめることで，「未来につながる今」に自分たちがいることに自然と気付いていくことができた。また，市の発展を捉える観点も自分なりの理由で説明することにもつながっていった。社会的な見方・考え方を働かせ，考察・構想場面での資料や発問を工夫することで，学びを生かした新たな価値を子供自身で見い出し，つくり上げることができた。

(橋場　美和)

個々の情報や考えを持ち寄り，社会的事象の理解や意味を見出す
4年「くらしを守る——火事からくらしを守る」

◇目指す「創発の学び」の姿

> 　追究場面で捉えた知識を活用し，実際の社会における課題について考え合う体験を通して，社会的事象についてより深く理解しようとする姿。

◇本実践の内容

　本単元の内容は，「現代社会の仕組みや働きと人々の生活」に区分されるものであり，消防署や警察署などの関係機関に従事する人々が相互に連携し，地域の人々と協力して火災や事故などから人々の安全を守る働きをしていることを理解したり，考えたりすることである。小単元「火事からくらしを守る」においては，火災を防止するための取組について，消防署を見学したり資料を活用したりして調べ，消防署とそこに従事している消防士，地域の人々による諸活動，相互の関連，人々の働きを理解したり，考えたりすることがねらいである。

◇育成を目指す資質・能力

知識及び技能	・消防署などの関係機関は，地域の安全を守るために相互に連携して緊急時に対処する体制をとっていることや，関係機関が地域の人々と協力して火災の防止に努めていることを理解する。 ・見学・調査したり資料などで調べたりして，関係機関や地域の人々の諸活動を捉える。
思考力・判断力・表現力等	・施設・設備などの配置，緊急時への備えや対応などに着目して，関係機関や地域の人々の相互の関連や従事する人々の働きを考え，表現する。
学びに向かう力・人間性等	・地域の安全を守る働きについて，学習問題の解決に向けて意欲的に追究し，地域の安全を守る働きについて学んだことをもとにして，地域や自分自身の安全を守るために自分たちにできることを考えようとしている。

◇単元の計画（全10時間）

　第1時：火事の現場の様子から，単元の学習問題を設定する。

　第2時：消火活動における関係機関の働きを捉える。

　第3時：消防署見学の計画をつくり，予想する。

　第4・5時：消防署を見学する。

第6時：消防署で働く人々の働きを捉える。

第7時：通信指令室の働きを考える。

第8時：学校の消防施設の働きを捉える。

第9時：地域の消防施設の働きを捉える。（本時）

第10時：地域の人々の協力について調べ，自分たちができることを考える。

◇**本時の目標**

　地図や写真資料を基に，消防施設の配置の工夫について考え，火災から人々の安全を守るために計画的に配備されていることを理解することができる。

◇**指導上の留意点**

　導入において，消防施設の配置を示した地図から，消防施設の役割や配置の仕方に着目させ，問題意識を持たせていく。消防施設の配置を地理的に地図から読み取る活動は，社会事象の見方・考え方を働かせて問いを生み出す場面としていく。

　問題の追究の場面では，副読本から関係のありそうな事柄を探したり，提示した写真資料から，消防設備の役割や設置の工夫を確かめたりしていく。そこでは，消防設備の役割を知識的な理解として捉えさせるだけではなく，盛岡の地理的条件や大きな災害を考えて設置しているということを，子供の思考を働かせながら捉えさせていく。

　追究の場面の最後に，盛岡市内で開発の進む下太田地区の消防設備の設置を考えるという活動を設定する。追究場面で捉えてきた知識を活用しながら，実際の市内の地域に求められている消火栓の設置を考えさせることによって，より深い理解をねらうためである。また，同時にそれは，より安全なまちづくりを目指して，消防設備を計画的に考えて配置している盛岡市内の安全を守ろうとしている人々の思いや願いを考えることにもつながる。

創発の学びを実現する…ここがポイント

○創発課題の設定をしよう

　単元の計画をもとに，積み重ねた知識が活用できるようにするとともに，子供の問題意識が高まっていくようにする。本時の場合は，地域の消防施設の前時に学校の消防施設を学習している。学校の消防施設で得た知識を生かして，地域の消防施設の意図的・計画的な配置について問題意識をふくらませながら捉えていく。

　集団で課題を解決する際に，個々の思考が見えるような学習シートを用いる。思考を可視化させることが，考えを伝え合うことや集団で思考を深めていくことの一助となる。

○社会的事象の理解や意味に迫る発問の工夫をしよう

　社会的事象を捉えていく際には，思考をゆさぶり，子供の概念をより確かにしていくように発問の吟味が必要である。「見えない社会の仕組み」が見えるように，より「自分事」として事象を考えていくような発問をつくりだし，子供の問題意識を単位時間内でも高めながら指導する。

◇授業の実際（第9時）

ポイント1　創発課題の設定「消火栓をどのように置くか考えよう」

　追究場面で捉えた知識を活用し，実際の盛岡市の開発地域の消火栓の設置場所を考え合う活動を設定した。その際，考えを可視化できるように，以下の学習シートを用いた。

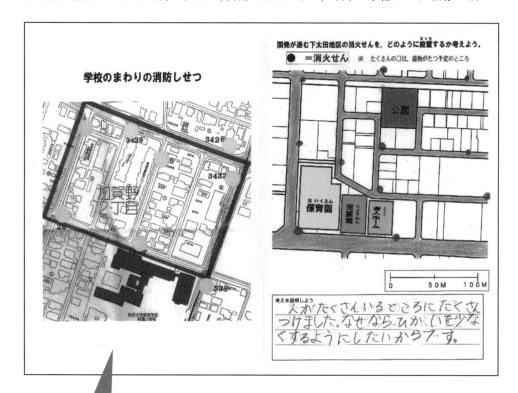

学校の周りの様子を手掛かりに，消火栓の配置を鉛筆で印をつける。
自分がどのように考えて配置をしたのかを記述させる。

ポイント2 社会的事象の理解や意味に迫る発問の工夫

　児童の交流後に，学習を体験で終わらせないように，本時の理解が深まるように社会的事象の意味に迫る発問をする。

T：消火栓をどのように置くか考えたことを交流しましょう。

C：ぼくは，大きな建物のそばがいいと思います。大きな建物は火事になると危ないからです。

C：老人ホームや児童館のそばには，消火栓が欲しいんじゃないかな。

C：この公園のそばはどうかな。避難場所になるかもしれないし，消火栓が必要だと思います。

C：ぼくは，地図の真ん中のあたりに置きました。ホースの長さは100 mだから，真ん中だと届きやすいと考えます。コンパスで円を描くと届く範囲が分かりやすくなるよ。

C：どこどこ？ここだと道路がせまくて消防車が入れなさそうだよ。大きな道路に置く方がいいと思います。

C：道路の角の方が両方に届きやすいと思います。

T：**消火栓の置き方をみんなで考えてきましたが，その消火栓が実際に使われるのはいつですか？**

C：火事のときだけど，いつ火事が起きるかは分かりません。

C：すぐに使われるかもしれないし，ずっと使われないかもしれないです。

T：**ずっと使われないかもしれないのに，考えて置いているのはなぜですか？**

> 　消火栓の配置という体験を通して，「計画的な取組」という本時のねらいに考えを深めていく発問を行った。

C：もしもの火事に備えているからだと思います。

C：まちの安全のために計画しているんだと思います。

（考察）
> 　追究場面で捉えた知識を活用して，オーセンティックな課題に取り組む体験を通すことで，社会的事象についてより深く理解することができる。また，オーセンティックな課題に取り組むことで，様々な立場からの考え方，多様な解決の方法や道筋が生まれてくる。集団での話合いから，個々がより思考を広げたり，深めたりするような様子がみられた。一方で，課題設定について，問題が唐突に子供に投げかけるようなことがないように子供の思考に沿う形で解決を図るように設定することや，十分な時間を取って解決を目指す課題については単元内での位置づけを考えるなど，より綿密な計画が必要となる。

（阿部　智央）

算数科における創発の学び
価値ある数理を創り出す子供

1　算数科における創造性とは

　算数科における創造性とは，新しい価値あるものやアイデアを創り出す能力と，それを可能にする数学的な考え方や数学的表現力，創造的思考に対する積極的な態度である。算数科の授業では，子供が自分の課題を見付け，既得の知識や経験をもとにしながら解決法を見いだしたり，それをさらに発展させて考えたりする過程を通して，子供一人ひとりが考え，解決する活動や，身に付けたことをその後の学習や生活に生かす活動をすることによって創造性を育てる。

　算数科の授業において，新たな数学的な内容をはじめて創り出すことが創造性ではない。算数科における学習内容として取り上げているものは，学問的に体系化された初等的なものである。しかし，それは学習者である子供にとっては未知のものである。そこで，創造的な学習指導の展開を通して，創造力を育成し，思考力を高めることが大切である。問題に直面した子供が自ら課題を見いだし，既習の知識や技能，考え方を駆使して集団で解決していく。その過程において，集団にとって価値ある新たな数理を創り出し，同時に大切な見方や考え方を身に付けていくものである。この創造的な学習は，集団での学び合いの上に成り立っている。子供たちは，集団における数学的コミュニケーションを通して様々な見方や考え方について根拠をもって説明し，互いの理解を深めたり，数理を高めたりしながら集団としての考えをよりよいものとしていく。その際，それぞれの考え方を結び付けて共通点を見いだしたり，見方や考え方を働かせて事象を同じとみなしたり，他の場合にはどうなのかを問い，次の問題へ連続させていく発展的な考えを発揮したりすることで，新たな価値ある数理を創ることができるのである。さらに創り出した数理をもとに日常事象や既習を振り返り見直していくことで創造性を育んでいくのである。また，創造的

な学習を展開するためには，子供たちが課題を自分事として捉え，仲間と共に新しいことを考え出せるように，適切に発問や問い返しをしたり，問題を与えたりしながら導くことが大切である。同時に，互いの思考・判断や，数理を共に見ようとする態度，統合的・発展的に考える態度も育てていくことが必要である。

「創造的思考」はもちろん，「批判的思考」「共感的思考」の汎用的スキルを発揮しながら学ぶことにより，創発力を育むことができると考える。

2　算数科における創発の学びとは

算数科における創発を，「数学的コミュニケーションにより，価値ある数理を創ること」と捉える。算数科の学習において，数学的なコミュニケーションを形成し，自分や集団の考えを高めながら，より高い数理に自立的，協働的に近づいていく授業を行っていくことで創発の学びを実現できると考える。

本校算数科研究部では，これまでの研究において，「共観」という言葉で集団の学びを価値付けてきている。

- 「共観」とは，自分が見えないものが見えるようになることである。
- 「共観」は，数・式，図や表やグラフなどを用いて行われる数学的コミュニケーションによって実現するものである。
- 「共観」するものは，数理や互いの思考や判断である。

共観は，集団の学びの中で生まれるものであり，この共観を土台とすることで，創発のある学びを実現できると考える。共観を「見えなかったものが見える」こととして，さらにその先の数理に目を向けることができるようにすることが必要である。一般化を図り「だったら……」，統合的に考えて「別のときにも……」，発展的に考えて「もっと……」「今度からは……」など，その先に向けて思考することが必要である。このように考えたとき，本時の学習で身に付けた知識・技能，思考・判断・表現を活用し，統合させたり発展させたりして考えるきっかけとなる問題②が不可欠である。問題②を通して共観し，価値ある数理を生み出すことができると考える。このとき，めざすべき創発の状態が生まれるのである。そのために教師は，課題意識や問いを持たせること，学習者である子供にしっかりと数理の世界への橋渡しすることが大切である。

また，「価値ある数理」とは，身に付けた知識・技能，思考・判断・表現をもとに，統合的，発展的に見たり考えたりしながら思考を深め，概念や適用範囲を広げたり，知識や技能をより確かにしたりできる数理のことである。これは，先に述べた算数科における創発の学びにより見いだすことができると考える。

3　算数科における創発の学びの手立て

(1)　統合的・発展的に考える場の設定

　　創発のきっかけとなる問題②の設定の仕方と内容の工夫。

(2)　「共観」を観点とした数学的コミュニケーションの形成

　　「共観」のある授業を構想し，思考の結び付きのある連続的なコミュニケーション形成する。

速さの意味理解を深める
6年「速さの表し方を考えよう」

◇目指す「創発の学び」の姿

> 問題②をきっかけとして，実際の乗り物の動きと比較しながら「速さ」が平均や比例を前提にした平均の速さであることを見いだそうとする姿。

◇本実践の内容

　本実践は，異なる速さで走る新幹線の速さを求める（問題①）。既習の単位量あたりの考えや，時間をそろえて道のりで比べることを想起させながら，速さ（1時間に進む道のり）を量として表し，比べることを捉えさせる。その際，式や図，言葉などを結び付けながら速さの表し方や比べ方について理解させていく。さらに，授業の後半（問題②）にオーセンティックな学びとして，実際の時刻表から，仙台～盛岡間を走る新幹線（はやぶさ号）の速さを考えさせ学びを深める。このはやぶさ号が，最高時速320kmで走っていることを示し，自分たちが計算して求めた速さの時速270kmとの違いを考えさせる。新幹線の実際の速度の変化をグラフ化したものを示し，自分たちが求めている速さとはどのようなものかを考えさせることで，速さが理想化された量として表されたものであることを捉えさせ，数学的なよさに気付かせるように展開を図る。

◇育成を目指す資質・能力

知識及び技能	・速さは単位量当たりの大きさとして表すことができることを理解する。 ・時間と道のりの関係から速さを求めることができる。
思考力・判断力・表現力等	・時間と道のりの2つの数量の関係に着目し，目的に応じて大きさを比べたり，表現したりする方法を考察し，それらを日常に生かす。
学びに向かう力・人間性等	・既習の単位量あたりの考え方と結び付けて考えることのよさに気付き，創造的かつ発展的に算数の内容に関わろうとする。 ・速さを単位時間あたりに移動する長さとして捉えることで，速さを量として表すことができるよさに気付き，日常生活に生かそうとする。

◇単元の計画（全10時間）

　第1時：距離と時間のどちらも異なる場合の速さの比べ方
　第2時：実際に歩いたり走ったりした速さの表し方
　第3時：公式を用いた速さの求め方

第4～8時：速さに関する公式とその適用
第9・10時：速さに関する適用問題・まとめ

◇**本時の目標**
　速さの求め方を考えたり，速さの意味理解を深めたりする。

◇**指導上の留意点**
①数学的コミュニケーションを通して創り出す数理や思考を明確にすること
　本単元の指導に当たっては，数直線を用いて考える活動を大切にしていきたい。本時において は，時間と道のりの二つの量の関係を数直線と式を結び付けながら考え，説明させ る数学的コミュニケーションを通して，速さが単位量あたりの考えと統合できることも捉 えさせる。さらに，問題②を通して，実際には速さは一定ではなく，加速や減速，最高速 度などがあり，平均化したものを「速さ」としていることを捉えさせる。その際，乗り物 のような運動としての速さの変化と平均の速さの違いについて，図を用いて説明させるこ とで数学的コミュニケーションの内容がより深いものになる。
②統合的・発展的に考える場の設定
　問題①の解決を通して，数直線を基に既習の単位量当たりの考えと結び付けながら考え， 速さの意味を理解させる。さらに，新幹線の最高速度と求めた速さの違いについて考える 問題②を設定し，統合的・発展的に考えるきっかけとする。問題②をきっかけとして，子 供たちは速さが時間と道のりを単位量あたりの考えを基にした平均の速度であることを捉 えることができるようになる。これにより，実際のものの運動には，加速や減速などがあ り，自分たちが求めている速さが理想化された量であることに気付き，速さの意味理解を 深めることができると考える。

創発の学びを実現する…ここがポイント

○数学的コミュニケーションによって生み出す数理や思考を明確にしよう
①速さは，道のりと時間の関係によって表された量であること。
②求めている速さは，平均の速さである。実際の新幹線の速さには変化（加速・減速）
　などがあり，一定ではないこと。←集団での学びを通して，問題②をきっかけに
　この数理が見えた状態を「創発」とする。
○統合的・発展的に考える場を設定しよう

問題①	問題②
新幹線のはやて号は3時間に630km走り，のぞみ号は2時間に480km走ります。どちらが速いでしょうか。	新幹線のはやぶさ号の最高速度は時速320kmです。はやぶさ号は盛岡から仙台まで40分で走ります。盛岡から仙台までの道のりは，180kmです。はやぶさ号の速さを求めましょう。

◇授業の実際（第5時）

ポイント1　数学的コミュニケーションを通して創り出す数理や思考を明確にすること

> 新幹線のはやて号は3時間に630km走り，のぞみ号は2時間に480km走ります。どちらが速いでしょうか。

── 問題①

速さの比べ方を考えよう。

○はやて号の速さを求める。

・630 ÷ 3 ＝ 210（km）

T：どのようにして，はやて号の速さを表したらよいでしょうか。

C：道のり÷時間で求めればいいと思います。

C：同じです。昨日学習したように，道のりを時間でわればいいと思います。こうすれば，数が大きいほど速いということを表すからです。

C：（うんうん）時間÷道のりで考えると，道のりあたりの時間が求められるので，数が大きいほど，遅いということを表しています。だから，1時間あたりに進む道のりで表す，道のり÷時間で求めれば，数が大きいほど速くなるからいいと思います。

> 数直線を媒介として，数学的コミュニケーションが活発になった。道のり÷時間で求められる量として速さを捉えればよいことを捉えることができた。【手立て①】

T：お話ししていることを分かりやすくしたいね。数直線で表せますか。

C：できる！

C：（道のりと時間の関係を数直線で黒板に表す）3時間に対応するのが，630kmで，今求めようとしている1時間あたりの道のりはこの□の部分です。

C：同じです。1時間あたりの道のりを求めれば，速さを比べられます。この数直線でいうとこの部分です。これは，（数直線を示しながら）**比例している**から，1から3まで3倍だから，□も3倍すれば，680kmになることを表しています。だから，□×3＝630。だから，630÷3＝210で道のり÷時間で求められます。

> 比例の関係を前提として考えているという数学的な見方を働かせている。

T：今「比例」という言葉を使っていたけれど，何が何に比例していますか。

> 新幹線のはやぶさ号の最高速度は，時速320kmです。はやぶさ号は，盛岡から仙台まで40分で走ります。盛岡から仙台までの道のりは，180kmです。はやぶさ号の速さを求めましょう。

── 問題②

> 意味理解，思考を深めるための問題②を提示し，統合的・発展的に考えるきっかけとする。

ポイント2　統合的・発展的に考える場の設定

T：このはやぶさ号の，最高時速は知っていますか。

C：知ってる。320km。

T：このはやぶさ号の速さを求めましょう。

　　　・・・・・（中略）・・・・・

C：180 ÷ 2／3 で，時速270kmになります。

C：同じです。道のり÷時間で，180 ÷ 2／3 ＝ 270，時速270kmになります。

T：時速270kmでいいんだね。○○さんどうしたの。

C：**速さが時速270kmと言っているけれど，じゃあ，最高速度の時速320kmって何なんだろう。**

C：そうだ，速さが 270km ということは，最高時速 320km ってどういうことだろう。

C：普通は 270km で走るってことで，時々 320km で走るってことかな。

┌──┐
│ 問題②をきっかけとして，新たな問いを持ち，発展的に深く思考している。【手立て②】 │
└──┘

T：みなさんは，どう考えますか。

C：求めた 270km は，1 時間に進む道のりで，一定の速さというか…。

C：ああ，そうそう。仮に同じ速さで進んだとした仮定した速さだから。本当は，新幹線の速
　　さは，一定ではないじゃないですか。速くなったり，遅くなったりしているから，それを
　　ならしたときが 270km だということだと思います。

C：そうすると，270km は，平均の速さということだと思います。
　　そして，最高時速の 320km もあるし，新幹線が止まっている状
　　態の 0km からの速さを平均したのが時速 270km だと思います。

C：そうそう。加速と減速が新幹線にはあるよ。一定ではありません。

T：今お話ししていることについて，他の人たちも分かりますか。

C：（うんうん頷く子供たちが多数）

C：図に表すと，新幹線の速さというのは，こんな風に変化していま
　　す。ここが盛岡駅だとして，はじめは 0km の速さで，どんどん加速して最高時速 320km
　　まで速くなります。そして，仙台駅に近付くにつれて，減速して最後は 0km になります。

T：実は先生が実際にこのはやぶさ号に乗って速さを調べてきました。そのときに，スマート
　　フォンを使って速さの変化を調べてきました。それがこれです。

（実際に調査した結果のグラフを示す）

C：同じだ！

C：同じだ！左が盛岡で，加速していって，仙台に近づくにつれて減速していっています。

T：さっき○○さんがかいてくれた図と同じように速さが変化しているね。じゃあ，時速
　　270km というのは平均の速さだと言っていたけれど，この図を使って言うとどういうこ
　　とかな。

┌──┐
│ 速さの概念とグラフを結び付けることを通して，平均の速さについて総合的に考えさせる。 │
└──┘

C：（黒板にかかれた図を使って，線をかきながら）平均のということは，この図を平らにし
　　ていくとちょうど時速 270km のところで一直線になるということです。

T：今○○さんが図にかいてくれたこと分かるかな。

C：分かる！加速した速さも，減速した速さも平均しているから，直線になります。

C：平均した速さだから，0km と 320km の間に直線ができるはずです。

┌─(考察)──┐
│ 　問題②をきっかけにして，求めた速さと最高速度の違いから問いを持たせ，速さについての意 │
│ 味理解を深めたり，概念を広げたりする深い学びへ導くことができた。数直線を使って説明させ │
│ ることで，数学的なコミュニケーションが活発になり，互いの思考はもちろん，速さが「道のり │
│ と時間の関係で表させた量」であるという数理を見いだすことができた。また，問題②をきっか │
│ けにして，子供たちが，新たな問いを持つことができ，速さについて発展的に考える姿が見られた。 │
│ そこで，「求めた速さは平均化したものである」「実際のもの   │
│ の速さを理想化して表したものである」という価値ある数理      │
│ を創り出すことができた。   │
│ 　こうした，数学的コミュニケーションを活発にし，問いを   │
│ もって能動的に学びを広げていく創造的な学びこそ「主体的・   │
│ 対話的で深い学び」であると考える。   │
└──┘

（佐藤 真）

集団で価値ある数理を創る
1年「どちらがひろい」

◇**目指す「創発の学び」の姿**

　本実践では，広さの異なる3つのレジャーシートの広さを比べる（問題①）。まず，3つのレジャーシートを順に提示し，直観でどれが一番広いのか予想させる。その際，レジャーシートの縦と横の長さに着目して予想させることで，長いものは広そうだという考えを引き出す。そこで，どうすれば広さを比べることができるのか課題意識を持たせていく。⑦と⑦，⑦と⑦のレジャーシートは，端をそろえて重ね合わせることで広さを比べられるという直接比較の考えを理解させる。そして，⑦と⑦はどちらもはみ出す部分があることに気付かせ，その場合の広さの比べ方を考えさせていく。

　さらに，授業の後半（問題②）において，⑦と⑦が重ねたり切ったりすることができないものと仮定して，その広さの比べ方を考える問題を設定する。直接比較ができない場合には，任意とするものを敷き詰めて，その幾つ分の数で比べることができることに気付かせる。そして，長さやかさと同様に，広さも数値化することで比べられることを見いだし，測定の理解を深めていく。

　本実践における「創発の学び」は以下の通りである。

> 　問題②をきっかけとして，広さも任意単位を用いると数値化して比較することができることを見いだし，既習の長さやかさの測定と統合的に考えている。

◇**育成を目指す資質・能力**

知識及び技能	・広さについての基礎的な概念や量の感覚を身に付け，直接比較や任意単位による測定の方法を理解し，広さを比べることができる。
思考力・判断力・表現力等	・身の回りにあるものの広さについて，直接比較や任意単位による測定などの方法を考える。
学びに向かう力・人間性等	・身の回りにあるものの広さに関心を持ち，比較の方法を工夫しようとしている。

◇**本時の目標（1/1）**

　身の回りにあるものの広さに関心を持ち，直接比較や任意単位による広さの測定方法を考えることができる。（本時）

◇指導上の留意点

①数学的コミュニケーションを通して生み出す数理や思考を明確にすること

　本時の指導に当たっては，児童の思考に沿った展開の中で，広さの比べ方を創造的に考えていけるようにする。既習である長さやかさの比べ方と結び付け，具体物を操作しながら広さの比べ方について考え説明させる数学的コミュニケーションを通して，広さも直接比較で比べることができることを捉えさせる。さらに，問題②を通して，直接比較では比べることができない場合でも，任意単位を用いて測定することで，広さが比べられることを捉えさせる。その際，任意単位とするものを複数用いてその幾つ分で測定することで，二次元の広がりを持つ広さを測定するのによりよい任意単位を見いだすことができると考える。以上のように数学的コミュニケーションを形成していくことで，創発の状態をつくることができると考える。

数学的コミュニケーションによって生み出す数理や思考
①広さは，二次元の広がりを持つ量であること。 ②広さも，任意単位を用いて測定することができる量であり，既習である長さやかさなどの測定と統合される。←集団での学びを通して，問題②をきっかけにこの数理や思考が生まれた状態を「創発」とする。

創発の学びを実現する…ここがポイント

○数学的コミュニケーションによって数理や思考を生み出そう

①広さは，二次元の広がりを持つ量であること。

②広さも，任意単位を用いて測定することができる量であり，既習である長さやかさなどの測定と統合される。←集団での学びを通して，問題②をきっかけにこの数理や思考が生まれた状態を「創発」とする。

○統合的・発展的に考える場を設定しよう

問題①	問題②
３つのレジャーシートのうち，どれがいちばんひろいでしょう。 ㋐　　㋑　　㋒	㋑と㋒がかさねたり，おったり，きったりすることができないものだったら，どのようにくらべられるでしょう。 ㋑　　㋒

◇授業の実際

ポイント1 数学的コミュニケーションによって数理や思考を生み出す

> 3つのレジャーシートのうち，どれがいちばんひろいでしょう。 ── 問題①

ひろさのくらべかたをかんがえよう。

T：どうやって比べたらよいでしょう。

C：重ねてみます。

C：重ねてみて，あまったほうが広いです。

T：じゃあ重ねて比べてみましょう。（㋐を㋑に重ねてみる）

C：その重ね方じゃだめです。シートの角と角をあわせなきゃ。

T：これでいいかな。

C：あってる。あってる。㋑の方が広いね。

T：どうして㋑の方が広いといえるのですか。

C：ここの部分があまっているから，㋑の方が広いとわかります。

（㋐と㋒も同様に重ねて比べる）

C：㋐と㋒だと，㋒の方が広いね。

> 具体物の操作を通して，数学的コミュニケーションを活発化させることができた。シートの角と角をあわせて重ねることで，直接比較することができることを捉えさせた。【手立て①】

C：よし！㋑と㋒の決勝戦だ。

T：じゃあ重ねて比べてみましょう（㋑を㋒に重ねる）

C：どっちもあまってる！

T：こんなときは，どうやって比べればよいですか。

C：あまったところを比べればいいんじゃない。

C：わかった！あまったところを切ればいいんだよ。

T：それってどういうことですか。

C：あまったところを切って，それを重ねるっていうことです。

C：そう。そう。切ってみて！

C：えー。切っちゃだめだよ。

C：切らなくても比べられます。

T：どうすれば切らなくても比べられるのですか。

C：あまったところを折って，重ねてみればいいです。

C：ここを折って，あまったところを重ねてみると…

C：㋒の方が広い！

C：比べられた！

T：あまったところの比べ方がわかりましたね。
　　みんなが考えた比べ方を使うと，どんなものの広さも比べられますね。

> ⃝イと⃝ウがかさねたりきったりすることができないものだったら，どのようにくらべられるでしょう。 ── 問題②

> 校内の掲示物を例に示し，直接比較ができない場合の比べ方を考える問題②を設定し，統合的・発展的に考えるきっかけをつくる。

C：わかった！長さのときみたいに，鉛筆何本分で比べたらいいと思います。

（鉛筆を任意単位にしてその数を数える）

C：⃝イは鉛筆15本分で，⃝ウは鉛筆18本分です。

C：⃝ウの方が長いから，⃝ウの方が広いです。

T：**なるほど。本当にそれで広いといっていいかな。**

T：縦の長さは⃝ウの方が長いことはわかるけど。

C：でも横の長さは⃝イの方が長いよね。長くても広いとはいえないと思います。

C：下敷きとかノートで比べたらどうかな。

C：いいね。

（ノートを任意単位にしてその数を数える）

C：**⃝イはノートの12個分で，⃝ウは15個分です。**

C：**数が多いから，⃝ウの方が広いと思います。**

C：**鉛筆よりいいね。**

C：**広さを比べるときは，ノートの方がよさそうです。**

C：**ノートだときれいに並べられます。**

> 問題②をきっかけとして，新たな問いを持ち，任意単位を用いて，広さを数値化して測定することができることを見いだした。【手立て②】

T：ノートを並べると，その数で広さを比べることができましたね。

C：長さやかさの学習と同じです。

T：くわしく教えてください。

C：ものの幾つ分で比べるところが同じです。

C：端をそろえて比べるところも同じだよ。

T：どれも比べ方は同じということですね。

> 広さも長さやかさと同様に直接比較や任意単位を用いて測定することができることに気付かせた。

（考察）

> 3つのレジャーシートの広さを，実際を操作しながら比べることで，直接比較や任意単位を用いた測定の考えを見いだすことができた。そして，測定についての理解の基礎として，身の回りにある量に関心を持って調べたり，身の回りのものの広さの比べ方を見いだそうとしたりする態度を養うことができた。既習である長さやかさなどの量の測定と統合的に考えさせることで，測定の理解をより深めることができたと考える。

（楢木 航平）

科学的に思考する子供

1 理科における創造性とは

　理科における創造性とは，科学的な手続き（予想，観察・実験，結果を整理，考察，結論付けるまでの一連の過程）を用いて，ものの性質や規則性，事象の仕組みをつかんだり，その仕組みを利用したりすることである。

　科学技術が刻々と進化していくこれからの時代に求められる人材には，科学的な知識を単に覚えるのではなく，目の前の事象や事物に確かな観察，実験の技能を持って積極的に働きかけ，得られた結果を多面的に分析し，結論付けて客観的に理解していく能力が必要と考える。では，子供が「科学的な知識を獲得したい」と思う場面は，どんなときだろうか。それは，魅力的な新しい事物・現象に出合うときではないだろうか。子供が驚くような，または，不思議だと思うような事象に出合ったとき，「学びたい」「調べたい」という目的意識を子供が持ち，ものの性質や規則性を捉えていく際に必要となる科学的な手続きの踏み方を理解しなければいけなくなる。また，ものの性質や規則性，事象の仕組みをつかんでいくために，既有の経験や知識と結び付けながら表現していくことが必然となってくる。このように，科学的な知識を獲得していく過程で理科の学び方という「導火線」に火をつけることができるのが事象提示であると考えた。

　一方で，理科の学習では，問題解決にあたっていくつかのグループに分かれ，互いに観察や実験を行うことで多くの結果が得られ，客観的な分析が可能になる。その観察，実験の様子や結果について集団で交流し，関わり合いながら学んでいくことで，他の学習者の考えを受け入れたり，結び付けたりしながら思考し，学びを進めていく。このような学びの中で，汎用的スキルである「創造的思考」「批判的思考」「共感的思考」を育むことができる。理科における授業の中で，集団として問題解決に臨みながら観察，実験を通して得られた結果を基に考察を行い，思考力を育んでいくことは，他教科の学びにも有機的に結び付いていくと考えている。

2 理科における創発の学びとは

　本校統一研究主題との関連から，本校理科研究部では，「理科における創発」を，「観察，実験を通して問題に対する自分たちなりの答えを集団で創り出そうとする状態」と考えている。新しい価値を創り出すために，学習集団の中で話し合ったり試してみたりしながら主体的に学習を進める。問題を解決するにあたってどのような観察，実験を行っていくか構想し，見通しを持ちながら観察，実験を行っていく。そして，得られた結果を整理分析したうえで考察を行う。これらのような学習の営みを，理科における創発の具体的な姿として考えた。

理科の学習における特色として，科学的に問題を解決していくという側面がある。問題を科学的に解決するということは，自然の事物，現象についての問題を，実証性，再現性，客観性などといった条件を検討する手続きを重視しながら解決していくということと考えられる。

　さらに，子供たちは，問題を科学的に解決することによって，一つの問題を解決するだけにとどまらず，獲得した知識を適用して新たな問題を見出し，その問題の解決に向かおうとする。そのように，子供たちが科学的に問題解決を図り，観察実験を行って自然の事物や現象について理解していくことを繰り返しながら次なる問題に主体的に取り組むことを通して，創発の学びの充実を図っていきたいと考えた。

3　理科における創発の学びの手立て

(1)　「創発の学び」を充実させる事象提示の工夫

　子供が驚きを感じるような事象提示の工夫を行うことで，「学びたい」「調べたい」という目的意識を持つことができるようにする。また，子供の予想を裏切るような結果を伴う事象提示を行うことで，「学びたい」「調べたい」という目的意識を持つことができるようにする。

(2)　「創発の学び」を充実させる観察，実験方法の在り方

　子供同士が自由に意見交換できるように観察，実験の場を工夫することによって主体的で対話的な学びを目指す。また，子供の問題意識に沿って繰り返し観察や実験を重ねていくことができるように指導を工夫することで深い学びを目指す。

自然と観察が始まる事象提示の工夫
3年「昆虫を調べよう」

◇目指す「創発の学び」の姿

> 様々な昆虫や生物の中から，詳しく観察する方法を通して昆虫と昆虫ではない生物を見分けて，既習の知識を使って説明し，みんなでその説明が適当か考えていく姿。

◇本実践の内容

本学習では，12種類の生きた虫を観察し，子供が虫の体の違いに気付き，昆虫と昆虫ではない虫を判断する。観察の段階では，昆虫の体のきまりを意識しながら，虫同士を比較し，昆虫を見分けていくが，その過程で，自分の考えを確かめるために友達同士で意見交換が行われる。その考えが正しいかどうかを確かめるために，再度観察を行うことで昆虫に関わる知識と実際の昆虫の体のつくりを結び付けるような対話的な学びを行うことにより，より深い理解を得られることを期待した。

◇育成を目指す資質・能力

知識及び技能	・身の回りの生物を観察する技能を身に付ける。 ・生物は，色，形，大きさなど，姿に違いがあることや周辺の環境と関わって生きていることを理解する。
思考力・判断力・表現力等	・いろいろな昆虫の体のつくりを比較して，昆虫の体のつくりのきまりに当てはめながら，昆虫かどうかを確認し，自分の考えを表現する。 ・身の回りの生物と環境との関わり，昆虫や植物の成長のきまりや体のつくりについて問題を見出し，表現している。
学びに向かう力・人間性等	・昆虫の食べるものやすみかに興味を持ち，進んでそれらについて調べようとしている。 ・生物を愛護しようとしている。

◇題材の計画（全5時間）

第1時：いろいろな昆虫の体のつくりを調べて，チョウの体のつくりと比べ，昆虫の体のつくりをまとめる。（本時）

第2時：トンボやバッタの幼虫を飼って，成虫になるまで育て，チョウの育ち方と比べる。

第3時：不完全変態の昆虫の育ち方をチョウの育ち方と比較して，昆虫の育ち方をまとめる。

第4時：どんな所に昆虫などの動物がいるかを考え，それらの食べ物とすみかを調べる。

第5時：昆虫などの動物の食べ物とすみかについてまとめる。

◇本時の目標

　いろいろな昆虫の体のつくりを比較して，昆虫の体のつくりのきまりに当てはめながら，昆虫かどうかを確認し，自分の考えを表現している。

◇指導上の留意点

　本単元のねらいは，身の回りの生物について探したり育てたりする中で，様子や周辺の環境，成長の過程や体のつくりに着目し，生物の環境との関わり，昆虫や生物の成長のきまりや体のつくりを調べる活動を通して観察，実験などに関する技能を身に付けるとともに，問題を見出す力や生物を愛護する態度，主体的に問題解決しようとする態度を育成することである。

　そのため，本時は教師が採集した虫　　　　観察させることに重点を置く。児童に採集させて環境にも目を向けさせることも考えたが，安全面を考慮した。また，体の大きな個体を児童に提示することで観察を容易にしていくことも留意点の一つと言える。一方で，虫の多様性・体の構造の共通性を考えさせるためにも多くの虫を採集して厳選して提示することも忘れてはいけない要素である。

　また，虫を観察させるために関わる道具を工夫することで虫が生き生きと動き，児童の興味をひくことにもつながる。それだけでなく，観察もしやすくなり，虫を比べながら考えを交流することも期待できる。

　尚，課題を設定する際には，「みんなで協力して考えて仲間分けを行い，一つの答えを示そう。」などと協調性を盛り込むと自然と友達との交流が生まれるので，表現力の高まりが期待できる。

創発の学びを実現する…ここがポイント

○事象提示を通して問題意識を持たせよう

　きっかけとなる自然の事物・現象を見せることで，子供たちに「もっと詳しく知りたい」「予想していたのと違う結果になった」という気持ちを持たせる。

○観察・実験と結果の整理・分析というサイクルを繰り返しながら問題を解決しよう

　事象提示から問題を把握し，解決の方法（観察，モデル実験，動画による確認など）を考えさせ，得られた結果から再度，問題が生じた場合は次の問題を把握し，解決を図っていく。

◇授業の実際

ポイント1 子供が主体的に観察，実験を行おうとする事象提示の工夫

T：みんなに見てもらいたい物があります。
（隠していたたくさんの生き物を見せる）

C：うわー。

> 活発に動く虫を見て観察への意欲が高まっている。

T：何に驚いたのですか。

C：たくさんの生き物がいました。

C：昆虫が何匹もいました。

T：昆虫がいたということは，昆虫ではない生き物もいたのですか。

C：クモがいました。

T：この中（箱の中）には，昆虫と昆虫ではない生き物がいます。みんなで協力して見分けることができますか。

C：はい。やってみたいです。

> みんなで問題を解決していこうという一体感を意識している。

ポイント2 子供の知識が実際の事物・現象と結びつく事象提示の工夫

T：昆虫とはどのような体のつくりのものでしたか。

C：チョウのように体は，頭・むね・はらに分かれていてあしが6本ある生き物です。

T：そうだったね。

C：じゃあ，バッタは頭・むね・はらに分かれていてあしが6本あるから昆虫です。

C：うん。

C：ムカデは頭・むね・はらに分かれていないし，あしがたくさんあるから昆虫ではありません。

> 観察し，友達と意見を交わし合うというサイクルを繰り返し，理解を深めている。

C：うん。たしかに。

ポイント3 子供同士が意見交換を行いながら，繰り返し観察や実験を重ねる学習の工夫

C：コオロギは，頭・むね・はらに体が分かれて
　　いて，むねにあしが6本あるから昆虫だね。

C：どれどれ，見せて。うん，そうだね。

C：この虫は，昆虫なのかな。

C：どれどれ，見せて。

C：あしは6本だね。頭とむね，はらに体は
　　分かれているかな。

C：**ここが頭でこっちがむねだと思うよ。それでここがはらになってそうだね。**

> 活発に動く虫を見て観察への意欲が高まっている。

C：うん，たしかに。

C：これは，昆虫ではないな。あしが8本あるからね。

C：たしかに。しかも，体も2つにしか分かれてないんだね。

C：本当だ。

ポイント4 子供が問題意識に沿った観察，実験を行う工夫

C：この虫は，頭・むね・はらに体が分かれていてむねにあ
　　しが6本あるから昆虫だね。

C：どれどれ，見せて。うん，そうだね。

C：この虫は，頭とむねに分かれているのかな。よく分から
　　ないな。

C：**あ，下から見ると分かるよ。ここで頭とむねが分かれているよ。**

> 友達の意見が本当か確かめるために虫の体をよく観察している。

C：本当だ。ということはこれも昆虫だね。

C：これは，頭・むね・はらに分かれていないし，あしもたくさんあるから昆虫ではないね。

C：どれどれ。うん，そうだね。

（考察）

　大型の虫，または，よく動く虫を子供たちに提示すると子供たちの表情が豊かになったり，前のめりになって観察する様子が見られたりしたことからも，観察への意欲が高まったと言える。また，たくさんの虫を用意することで自然と虫同士を比較する子供たちの姿が見られたり，友達と意見を交流しながら考えを深めようとしたりする姿が見られたことからも多くの虫を採集し，厳選して子供たちに提示することは教育的効果が高いと言える。観察の道具を工夫したことにより，子供たちが虫同士を盛んに比較しながら観察したり，虫を上下左右から観察したりと観察の技能が高まったことも収穫の一つである。何といっても問題解決するにあたって友達同士で活発な意見交換が行われ，みんなで問題を解決しようとする一体感がある学習が展開できたことが大きく，子供たち一人ひとりの考え方が変容したことが成果である。

（黄川田 健）

理科　実践例❷

モデル実験を繰り返しながら，自然の事物・現象を理解する
5年「流れる水のはたらき」

◇目指す「創発の学び」の姿

> 　山や川に見立てたモデルに水を流す実験を繰り返しながら，友達同士で意見交換を行い，流れる水のはたらきを説明していく姿。

◇本実践の内容

　まず，山のモデルをつくり，そこに水を流すことで自然界における川ができるまでの様子を観察する。次に，流れる水のはたらきは土地の傾きや水の量によって変化することを仮説として立て，その仮説を立証するために条件を制御しながら実験を行い，決まりを理解していく。いずれの段階においても，観察，実験を繰り返しながら思考していくことを大切にし，流れる水の働きに関しての理解を図るようにする。

◇育成を目指す資質・能力

知識及び技能	・流れる水には，土地を侵食したり，石や土などを運搬したり，堆積させたりする働きがあることを理解する。 ・川の上流と下流によって，川原の石の大きさや形に違いがあることを理解する。 ・雨の降り方によって，流れる水の速さや量は変わり，増水により土地の様子が大きく変化する場合があることをモデル実験で調べることができる。
思考力・判断力・表現力等	・流れる水のはたらきと土地の変化との関係についての予想や仮説を基に，解決の方法を発想し，表現する。
学びに向かう力・人間性等	・流れる場所によって川の様子が違う理由に興味を持ち，地面に水を流して，流れる水の働きを進んで調べようとしている。

◇題材の計画（全8時間）

　第1時：山のモデルに水を流し，水のはたらきに関して問題意識を持つ。（本時）
　第2時：地面に水を流して，流れる水のはたらきを調べる。
　第3時：川と川原の石の様子の違いについてまとめる。
　第4時：流す水の量や土地の傾きを変えて流れる水のはたらきを調べる。
　第5時：実験結果を基に，流れる水のはたらきをまとめる。
　第6時：川の水による災害や，災害に対する備えについて調べたり，考えたりする。

第7時：動画を見て，川の様子や流れる水のはたらきを調べる。

第8時：流れる水のはたらきについてまとめる。

◇本時の目標

　流れる場所によって川の様子が違う理由に興味を持ち，地面に水を流して，流れる水のはたらきを進んで調べようとしている。

◇指導上の留意点

　本単元のねらいは，地面に水を流す実験を通して，流れる水には土地を侵食したり，石や土を運搬したり，堆積させたりするはたらきがあることを捉えることができるようにすることと，流れる水の速さや水量が変わると土地の様子が大きく変化し，ときに災害を引き起こす場合があることを捉えることができるようにすることである。

　本単元の理解にあたって難点になるのが時間的・空間的な面でのイメージを児童に持たせられるかという点である。そこで，本時は理科室を飛び出して屋外で実験を行うことにする。自然の山で実験することは困難だが，山に見立てた土砂は，学校の畑や花壇で用意することができる。そこに，水を流すということで実験を伴いながら理解を図ることが可能になる。また，その山のモデルをなるべく大きく作ることで空間的なイメージも広がり，その山に水がしみこむ速さを目の当たりにすることで時間的な広がりを感じることができると言える。ダイナミックな実験を行うことが自然という壮大な対象を理解するために必要な要素であると言える。

　尚，この実験を行うにあたっては，学校の畑や花壇を全面にわたって使用することが考えられるので，指導を行う時期に留意する必要がある。

創発の学びを実現する…ここがポイント

○事象提示を通して問題意識を持たせよう

　きっかけとなる自然の事物・現象を見せることで，児童が「もっと詳しく知りたい」「予想していたのと違う結果になった」という気持ちを持たせる。

○観察・実験と結果の整理・分析というサイクルを繰り返しながら問題を解決しよう

　事象提示から問題を把握し，解決の方法（観察，モデル実験，動画による確認など）を考えさせ，得られた結果から再度，問題が生じた場合は次の問題を把握し，解決を図っていく。

◇授業の実際

ポイント1 子供が主体的に観察，実験を行おうとする事象提示の工夫

T：山にたくさん雨がふると土地はどのようになるのでしょうか。

C：川ができると思います。

T：では，山の頂上付近に雨を降らせてみるよ。
（10秒くらい雨を降らせる）

C：**あれ？**

> 予想を裏切る結果を提示すると自然と子供たちは問題意識を持つようになる。

T：どうしましたか。

C：<u>川がなかなかできません。</u>

T：もっと水を流してみましょう。

C：あ，やっと川ができた。

C：そっかあ。水が地下にしみこむからすぐには流れないのか。

T：えっ，それってどういうことですか。

C：川ができるには時間がかかるし，たくさんの雨が降らないといけないということです。

ポイント2 子供が問題意識に沿った観察，実験を行う工夫

T：山にできた一本の川に注目します。

T：ここに，簡単に真っすぐな一本道をつくり，水を流してみます。

T：どんなことが起きると思いますか。

C：土がけずれると思います。

C：下流に海ができると思います。

T：では，流してみます。

C：やっぱり。（初めは予想通りの結果）

C：あれ，うわー。

T：どうしましたか。

C：川が曲がったり，あふれて別の川ができたりしました。

C：なんで？

C：え！？わからないなあ。

C：<u>先生，自分たちで水を流して実験してみたいです。</u>

> 予想と違う結果の提示で問題意識が高まり，自然と実験で確かめたくなってくる。

ポイント3 子供同士が意見交換を行いながら，繰り返し観察や実験を重ねる学習の工夫

T：土地が大きく変化するのは，一体何に関係しているのでしょうか。

T：まずは，先ほど先生が行ったように山の頂上に水を流してみましょう。

C：（しばらく班ごとに水を流す。）

T：何か気付いたことはありましたか。

C：水をたくさん流すと土地が変化します。

T：なるほど。

T：先生用のロングコースでも試してみましょう。

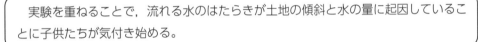

T：確かにみんなの言う通りになりますね。

C：あれ？

T：どうしましたか。（密かに土地の傾きが急な部分をつくっておく。）

C：<u>ここも土地が大きく変わっています。</u>

> 実験を重ねることで，流れる水のはたらきが土地の傾斜と水の量に起因していることに子供たちが気付き始める。

C：すごいよ，見て。川が深くえぐれているよ。

C：え！？どれどれ？

C：わ！確かに。

C：<u>なんだかはじめの川より急になってない？</u>

C：え！？どれどれ！？

T：一体何が起きているのでしょう。みんなももう一度水を流して同じような土地をつくってみましょう。

（考察）

　教師の意図的な事象提示により，時間的・空間的な視点で事象を捉え，学習問題を子供たちが自ら見いだすことができた。また，子供たちが問題を解決するために，実験を行いながら仮説や自分の考えを交流し合い，対話的で深い学びにつなげることができた。さらに，何度も実験を行うことで問題を焦点化して見いだし，その都度，自分たちの仮説を証明するために条件を制御して観察，実験を繰り返しながら解決を図ることができた。一方で，見方・考え方を働かせ，主体的・対話的で深い学びの視点で授業改善に取り組む実践と，教師の意図と子供の意識の関係については検証するための記録を増やし，客観的な検証を継続する必要がある。

（黄川田 健）

「転」による創発の学びのスイッチ
学びに夢中になる子供

1　生活科における創造性とは

　生活科では，具体的な活動や体験を通して学習を進めていくが，以下に示す３点を生活科の学びの本質と捉えた。

　１点目は，「見る，聞く，触れる，つくる，探す，育てる，遊ぶ等の直接体験を通して対象に対する認識を高めること」である。子供が自分から進んで動いたり考えたりしながら，自分の生活を豊かにしていく授業が必要になる。

　２点目は，「身近な人々，社会，自然，自分自身の成長についての気付きを大切にすること」である。何を覚えたかという知識だけではなく，活動や体験を通して何に気付いたかを教師が的確に見取る授業をしていく必要がある。

　３点目は，「生活上必要な習慣や技能を身に付けていくこと」である。知恵や技能を身に付け，生活に役立てていく授業にしていく必要がある。

　低学年の児童は，具体的な活動を通して思考しながら心身を発達させていく。つまり，直接体験を重視した学習活動を展開することが教育上有効であり，これが生活科の特質であるといえる。直接体験を重視することによって，学ぶ楽しさや成就感を味わい，そこで学習したことを次の学習や生活に生かそうとする意欲や態度が育成される。そして，これらが充実したときにこそ，創造性が豊かに発揮されると考える。子供がやりたいと思うことを，まずやってみることが，「楽しい」という思いに結び付く。その中で，自ら進んで活動に取り組む姿や，自分なりの工夫を重ねる姿が見られる。この能動的で知的に活発になっている姿こそ，創造性が豊かに発揮されている状態であると捉えた。このような状態を生み出すために，教師は子供の特徴を知り，その特徴に応じてはたらきかけ方を変えていく必要がある。

2　生活科における創発の学びとは

　生活科の学習の中には，知的な世界を広げたり深めたりする場面がある。まさに，気付きの質が高まる場面である。例えば，夢中になって活動している状況から，どうもうまくいかないので改善したいと思ったり，もっと工夫していいものを生み出したいと思ったりするときがそれである。そこでは自分のなりの判断が求められる。これこそが，創発のステージではないかと考えた。このような創発の場面をくぐって身に付けた知恵や技能は，忘れることなく長く根付く自分の財産になると考える。

　「よく覚えていたね。」と思うことが，子供と接しているとよくある。家族から聞いた話，昔話，大好きな絵本の話などである。おもしろい話は，子供の心に深く刻まれる。

　何歳になっても忘れない物語はいくつかあるものである。なぜ忘れないのか。これは，

物語の構成にその理由があると思う。多くの物語には「起承転結」がある。この「転」の部分が楽しみで，物語の世界に引き込まれていくわけである。「転」の場面以前は比較的スムーズに進む。読み手も「結」を予想しながら「起承」の部分を楽しむ。しかし，事態が急転する「転」の場面を迎える。レールの上を安定した気持ちで進んでいたところに，突然訪れたハプニングのようなものである。このとき，ストーリーをなぞる意識（他人事）から，自分ならどうするという（自分事）考えに切り替わる場面が存在する。この過程こそ，深く記憶に残る大きな要因だと考える。

　何かを乗り越えていく過程のなかで，気付きの質が高まり，次の活動に向けた旺盛な意欲を生み出していく。子供は，大人の想像以上に乗り越える力を身に付けている。「転」を乗り切った新たな価値を授業のまとめに盛り込むことで，次への活動意欲も高め，「やりたがり」の子供を育てることができる。「起承転結」の「転」の場面を授業の中に位置づけることで，創発の学びのスイッチが入り，資質・能力が磨かれる。

　では，生活科における創発の学びの姿はどのようなものなのか。具体的な姿を２つにまとめた。１つ目は「新しい価値を生み出そうと，自分事として自問自答する姿」である。この姿を生み出すために，導入で自分が見通したまとめとのずれを生む瞬間をつくる工夫をする。また創発の前段階として，自分の考えを深める静かな思考の時間を生み出す。その中で，考えた自分の考えは，発言する際にも整理された言葉として相手に伝わる。２つ目は「自分の意見を言いながらも，相手の意見をたくさん聞こうとする姿」である。自分本位に相手に向かって発言するのではなく，心から相手の意見を聞きたいと思う状態を生み出すことが，創発の場面には必要である。その中では，自分一人の考えではどうしようもできない行き詰まり感や，これでいいとは思うのだが考えに自信を持てない不安感がある程度なければいけないと考えられる。

3　生活科における創発の学びの手立て

(1)　子供が「考えたい・試したい」という単元構成の工夫

　　自分の願いや思いとのずれを生む場面「転」を単元や単位時間に位置付けることで，子供達が課題を自分事として捉え，「考えたい・試したい」と思えるような単元構成を工夫する。

(2)　考えを深める集団の学びを位置付けた授業のあり方

　　新しい価値を生み出そうと，自問自答する姿が生まれるように，静かに思考を深める時間を設定した上で，集団の学びの設定をする。そして，互いに意見を聞きたいと思えるような条件を工夫する。

生活科　実践例❶

「起承転結」の「転」のある学びで子供の考えを揺り動かす
２年「きれいにさいてね　たくさんさいてね──野菜を育てよう」

◇目指す「創発の学び」の姿

> 植物の状態をじっくりと観察しながら，自分が育てている植物に与える肥料の量を考える姿。

◇本実践の内容

　本単元は，学習指導要領「(7)動物を飼ったり育てたりする活動を通して，それらの育つ場所，変化や成長の様子に関心を持って働きかけることができ，それらは生命を持っていることや成長していることに気付くとともに，生き物への親しみを持ち，大切にしようとする。」に基づいているものである。

　生活科の目標は，２学年共通として示されている。低学年特有の，試行錯誤しながら繰り返し学んでいく特色に即したものとなっている。内容についても，各学校の裁量にまかされている。この趣旨を生かしながら，同単元同内容程度の「きれいにさいてね　たくさんさいてね」「野菜を育てよう」の学習を共通単元として扱い，複式学級１・２年の指導を同時に進めていく。

◇育成を目指す資質・能力

知識及び技能の基礎	・植物の世話を通して，植物の成長の様子や世話の仕方，成長や収穫の喜びや，上手に世話ができた自分のよさに気付いている。
思考力・判断力・表現力等の基礎	・植物の世話の仕方を人に聞いたり，様々な方法で調べたりして，種類や成長に合わせて世話を工夫するとともに，植物の成長の様子や気付いたことを様々な方法で表現している。
学びに向かう力・人間性等	・植物の栽培に関心を持ち，成長を期待したり喜んだりしながら，愛着を持って継続的に世話をしようとしている。

◇単元の計画（全15時間）

　第１時：春まきの野菜の中から，自分たちで育てたい野菜を選ぶことができる。

　第２・３時：野菜の成長に期待を抱きながら，苗を植えることができる。

　第４〜10時：野菜の成長の様子や状態に合わせて，世話をすることができる。(本時8時)

　第11〜13時：野菜の収穫を喜ぶとともに，収穫の様子や喜びとこれまでの世話の様子などを，自分なりの方法で表現することができる。

　第14・15時：感謝の気持ちを持って，鉢の後始末をすることができる。

◇本時の目標

　追肥をするメリットやデメリットを比較し，対象との自分との関わりについて考えることができる。

◇指導上の留意点

　知的な世界を広げたり深めたりする場面や自分なりの判断を求められる場面，これらを創発場面と捉える。このような場面で身に付けた知恵や技能は，自分の財産として長く自分を支えるものと考える。

　生活科の学習の中では，活動のゴールを思い浮かべ，自分なりのストーリーを心の中に描きながら活動する様子が見られる。成功する過程をイメージすること自体が，強い活動意欲につながってくる。

　しかし，全てのことが上手くいくとは限らない。自分の理想通りにいかないことの方が多いかもしれない。そんなとき，子供は簡単に諦めない。色々な方法を試しながら，事態を改善しようと夢中になって活動に打ち込む。

　何かを乗り越えようとするとき，経験や知識，友達や地域の人との関わりを全て使おうとする姿が見られる。子供たちの前に立ちはだかる課題を，指導者が提示して考えさせるのではなく，子供自らが課題意識を感じられるようにすることを意識したのが本実践である。

　子供は，植物が枯れないように水を与えることはいいことだと思っている。思っていることをその通り続けると，植物はその努力に応えるように元気よく伸びていく。アサガオの鉢などには，水の与えすぎを防ぐ工夫が鉢自体にあり，見事に育つ。市販の土を利用すると確実に発芽して大きく育つ。その鉢に市販の土を入れ，ミニトマトやピーマンなどを植えても，水の与えすぎを気にすることはない。さらに大きく育てるために，肥料を与えるといいことも，多くの子供が知っている。水と同じように，たっぷり肥料を与えればいいのか…。「ちょっとまてよ。」水と同じような考え方でいいのかと，子供たちは立ち止まって考える。

　生活科の授業の中に，「ちょっとまてよ。」と，立ち止まって考える「転」の場面を位置付けることによって，教科の目標をしっかり達成し，子供の自立を支える資質・能力を確かに身に付けさせようとしたのが本実践である。

創発の学びを実現する…ここがポイント

○「起承転結」の「転」の場面を授業の中に生み出そう

　肥料はたくさん与えればいいというものではないということを知り，友達の意見を聞きながら，肥料を与える量を自分で決める場面を設定する。

○自分の意見を伝える場面づくりを工夫しよう

　自分の考えをまとめ，相手に伝える場面を設定したり，互いの意見を交流する必要感を高める工夫をする。

◇授業の実際（第10時）

創発の学びのポイント

ポイント1 「起承転結」の「転」の場面を授業の中に生み出す

　大きく育てるためのお世話の工夫として肥料を与える方法を引き出し，与える量について考える。

> もっと大きく育てるためのお世話の仕方の一つに「肥料を与える」方法があることに気付かせる。そして，インゲン豆に肥料与えた際の写真を提示する。
> 左の葉は元気に成長しているのに対し，右の葉は緑色が薄く端が枯れている。肥料を与えすぎると，葉が枯れる事を知る。

Ｔ：もっと大きく育てる秘密はないかな。

Ｃ：肥料をあげるといいと思います。

Ｔ：先生は，このような肥料を使って植物を育てています。

（液体肥料を提示する）

> 　肥料の説明を読むと，「野菜が大きく育つ」という一文がある。このことで子供たちは液体肥料に強い関心を示した。肥料の効果に期待が高まっているところで，一部が肥料枯れしかかっているインゲン豆の写真を提示する。この写真から，子供たちは色々な発見をしていった。

Ｃ：葉の色が黄色い。

Ｃ：片方の葉が少し枯れている。

> 　子供たちは，先ほどの期待感から一転，不安な表情になった。このとき，肥料を与える際の注意点について話す。

Ｔ：「**肥料を与えると，野菜を大きく育てることができますが，やりすぎるとこのように枯れることもあります。**」

> 　子供たちは，大きく育てるために肥料を与えることに興味を示しながらも，自分の野菜が枯れてしまうのではないかという不安感も同時に持つようになった。

ポイント2 自分の意見を伝える場面づくりの工夫

　自分の立場をはっきりさせ，全員に発言の機会を与える。

　AかBか，二者択一を迫られる場面では，自分の立場をはっきりさせることができた児童と，まだはっきりと自分の立場を決めかねている児童が存在する。自分の立場を決めかねている児童を司会者にして，AとBの立場の児童に発言させるようにする。Cは，さらに分からないことをAかBに質問するようにすることにより，自分の立場が決まっている児童，そうでない児童も自分の意見を言い切る場面をつくる。
　※おもちゃのマイクを活用

　液体肥料を与えるのか，与えないのか，悩んでいるのかの3つの視点から，次のような順番で話合いを行う。

　　①じっくり考える
　　②自分の立場を決める
　　③交流する

　薄めた液体肥料を入れた500mlのペットボトルを一人一本持たせ，どのくらい植物に与えるかを考えていく。

（迷っている子が司会）

> 　自分の立場をしっかりと決める時間を十分保証し，話合いを行った。

C：私は肥料をあげません。わけは，ちょっとの量でも枯れるかもしれないからです。
C：僕は肥料をあげたいと思います。でも，心配なので少しだけあげます。
C：僕は肥料をあげません。でも，肥料をあげた友達の方が元気ならあげようと思います。

> 　小グループでのこのような話合いを行った後，全体での話合いを進めた。話合いの結果，どちらの立場も尊重し，肥料を与える子と水を与えて様子を見る子のどちらもいいということになった。立場をはっきりさせることで，活発な話合いが行われた。

（考察）
　自分の願いとのずれをうむ授業展開の工夫により，「進んで考えていこう」という内発的動機を高めることができた。今回は，話合いの際におもちゃのマイクを活用して，はっきりと自分の考えを発表させたが，さらに様々な環境づくりの工夫を進めていきたい。

（高室　敬）

授業における「起承転結」の「転」を内発的動機付けに結び付ける
1年「えんじとなかよし」から──附属幼稚園の園児との交流

◇**目指す「創発の学び」の姿**

> ペアの園児との交流を通して，よりよい関わり方や触れ合い方に気付き，交流に生かそうとしている姿。

◇**本実践の内容**

　本単元は，生活科学習指導要領内容(8)「自分たちの生活や地域の出来事を身近な人々と伝え合う活動を通して，相手のことを想像したり伝えたいことや伝え方を選んだりすることができ，身近な人々と関わることのよさや楽しさが分かるとともに，進んで触れ合い交流しようとする」に基づいているものである。

　本単元の目標は，身近な幼児と関わることの楽しさを実感し，進んで交流できるようにすることである。本単元は1年生が附属幼稚園児とペアを組み，1年間で4回の交流をするものであり，計画・準備，交流，振り返りのスパイラルで毎回行っている。一年を通して同じ園児と触れ合うことで相互理解が深まり，児童は相手意識を持って計画を練ることができる活動になっている。

◇**育成を目指す資質・能力**

知識及び技能の基礎	・友達と交流の振り返りをし，ペアの園児とのよりよい接し方に気付く。 ・製作活動の中で，必要な道具の使い方を身に付け，園児に使い方を分かりやすく教える。 ・園児に適した言葉遣いがあることに気付き，実践する。
思考力・判断力・表現力等の基礎	・園児の表情や交流活動を具体的に思い出し，絵や言葉でまとめる。 ・自分のどのような言動が園児の笑顔のもとになったのかを考え，次時に生かす。 ・ペアの園児の思いをくみながら，次の活動内容を考え出す。
学びに向かう力・人間性等	・ペアの園児に合わせた関わり方を実践する。 ・交流する楽しさを実感し，人と交流することに前向きになる。

◇**単元の計画（第1回交流3時間／全12時間）**

　第1時：園児と仲よくなるための計画をたて，準備をする。

　第2時：計画に基づき園児と交流する。

　第3時：次時へ生かせるように，交流したことを振り返る。

◇単元の目標

　計画・準備，交流，振り返りのスパイラルを通して，子供が見通しを持って活動に取り組めるようにするとともに，多様な表現方法で伝え合ったり振り返ったりさせ，よりよい関わり方を考えることができる。

◇指導上の留意点

　本単元の導入では，これまで関わった人たちを振り返り，交流によって自分が成長したことや交流のよさを中心に思い起こさせ，人と触れ合うことに意欲を持たせるようにする。また自分より年が上の人たちと触れ合ってきたので，次は自分より年が下の子たちと交流してみたいという気持ちを高めていく。同じクラスの子供2人と園児1人のグループをつくり，1年間通して活動していくことを伝え，これからの活動への期待を高める。グループ作成には幼稚園担任を交え協議し，園児が安心して活動に参加できるように配慮する。

　計画・準備，交流，振り返りのスパイラルで1年間交流していき，子供が見通しを持って活動に取り組めるようにする。一方で，繰り返しによって恒常化した活動内容にならないよう，前回の反省を生かして児童が活動を工夫できるようにするとともに，交流の進行を徐々に子供主体にしていく。

　計画・準備・振り返りの際には，言葉・絵・動作・劇化などの多様な表現方法で伝え合ったり振り返ったりさせ，よりよい関わり方を考えさせるとともに，人と交流する楽しさを実感できるようにする。

創発の学びを実現する…ここがポイント

○年間の活動に一貫性を持たせた課題設定の工夫をしよう

　子供が活動に浸り，思いや願いを十分持たせた上で子供の思いを大切にした課題設定をする。

○学ぶ原動力を生む意識のずれをつくり出そう

　新たな見方・考え方と出合う，ゲストティーチャーの効果的な活用。

1年生「えんじとなかよし」
　幼稚園から持ってきた植物の葉っぱ。小学校の校庭にあった葉っぱと組み合わせて，小学校のお兄さんお姉さんとお皿に並べる。
　「わ！おいしそう！」
　あちこちで歓声が沸く。

◇授業の実際

ポイント1 年間の活動に一貫性を持たせた課題設定の工夫

　幼稚園との交流は，どんな子供たちなのか，どんな力を育てていくべきなのかを踏まえながら各回の交流を考えていくことが，子供たちの豊かな創造性を育んでいくに違いないと考えた。

　また活動においては，生活科の創発の学びのスイッチを入れるためには，「起承転結」の「転」の場面を授業の中に位置づける必要がある。子供たちの「どうしてだろう」「本当にそうかな」「やってみたい」「なるほど」といった「転」を迎えるためには，子供たち自身が学習に対して前のめりになっていることが前提である。

　そこで，年間を通した幼稚園との交流にテーマを設けることにした。今回は「季節の自然をつかって仲良く遊ぼう」である。幼稚園の先生方と話し合い，自然を介しながら，園児ともなかよくなっていこうというテーマを設定した。

　季節の自然と触れ合う活動は，これからの活動に見通しができることで，「園の子とこんなことができるかもしれない」「本当にこれで園の子と仲良くなれるかな」といった創発の学びのスイッチが入るのである。

　以下は，第1回交流会のあとの振り返り終末部分の発言である。

T：今回は春の校庭で見付けた竹とたけのこの皮を使って，さかなつりをしましたね。
　　次に幼稚園のみんなと交流するとき，季節はいつになっていますか。
C：夏です！
T：では夏とも仲良くなりながら，園の友達ともっともっと仲良くなりましょう。
C：**夏には違うことができそう。**
C：**夏は虫とかがいるんじゃないかな。**

> 　園児と交流することを踏まえ，夏の校庭の様子について積極的に考えている。

C：**たけのこの皮もまだあるのかなあ。**
T：夏にはどんな自然がありそうですか。
C：暑くなっているから…

> 　この後，夏の自然について予想しながら，園児とどのような交流ができそうかアイディアが出てくる。

C：草とかがたくさん生えているかも。
C：桜はもうないよね。
C：朝顔が咲くかなあ。あとひまわりが咲くんじゃない。
C：お花がたくさんあるかもしれない。

ポイント2 学ぶ原動力を生む意識のずれをつくり出す

　これは(2)考えを深める集団の学びを位置付けた授業のあり方の実践であり、「転」をつくり出した手立てである。生活科の創発の学びの姿とした「新しい活動を生み出そうと、自分事として自問自答する姿」をつくるために、ずれを生む瞬間（手立て）として、ゲストティーチャーによる評価を授業内に位置づけた。

★園の子が笑顔になった場面の振り返り

Ｃ：魚を動かしたら○○ちゃんは楽しそうにしていたよ。

Ｃ：上手だねって言ったら○○くんは喜んでたよ。

★最初から笑顔だったか振り返る

Ｔ：**初めからにこにこだった？**　　　　　**転**

Ｃ：最初は緊張していたよね。

Ｃ：話しかけてもあんまり笑ってなかったよ。

Ｔ：**なんでにこにこできたのかな。**

Ｃ：うーん…何がよかったんだろう。

Ｃ：最初は緊張していたけど…。

★ゲストティーチャーによる評価

　1年生が幼稚園の子に上手に接していた場面を、幼稚園教諭が紹介した。担任ではない教諭に認めてもらう機会ができ、児童は嬉しそうにしていた。Ａ児童は年下の子に対して横柄なところがあったが、今は園の子に丁寧に接しており、毎回交流を楽しみにしている。年下の子との接し方に気付き、人と接する喜びを感じるようになった。

（考察）

　創発の学びの充実では、「単位時間の中で集団による学びをどのような形で位置づけるか」という点となる視点と「単元全体の構成を考える」という点をつなげる線となる視点との2つが重要であることが分かった。目の前の児童の実態を踏まえながら活動内容を検討し、その上で先を見通せる一貫した交流を計画し、児童が学習に常に前のめりになることで、「転」となる場面が初めて創発の学びのきっかけとなるのである。

（久慈　美香子）

音楽的価値に結び付く
魅力ある音楽活動を創り出す子供

1　音楽科における創造性とは

　音楽科における創造を，音楽科研究部では「音楽を聴き取り，自分なりに感じ取った思いや意図を友達と共有する音楽活動を通して，新しい音楽的価値を見付けていくこと」と捉えた。この創造を生み出す力が「音楽科における創造性」である。

　「音楽を聴き取り，自分なりに感じ取った思いや意図」とは，一人ひとりが音や音楽のよさや美しさを主体的に感受して生まれた思いや意図のことをいう。「友達と共有する音楽活動を通して，新しい音楽的価値を見付けていくこと」とは，他者と自分の聴き方や感じ方を共有して考えを更新したり，新しい音楽表現や鑑賞の仕方を生み出したりすることである。新たな聴き方や感じ方ができるようになることは，次の音楽活動への意欲につながり，知識や音楽表現の技能を高めていくことにもなる。

　創造性を喚起し高めていくことは，音楽を聴いてこれを美しいと感じ，さらに美しさを求めようとする豊かな心を育むことにつながる。

2　音楽科における創発の学びとは

　音楽科における創発とは，「それぞれが音や音楽を聴き取り感じ取ることで創造性を発揮し，自分なりの思いや意図を持ち，主体的に友達と関わり，協働で新しい音楽的価値を見出そうとしていくこと」である。

　創発の学びを実現するため，①創発の学びが喚起する課題設定，②異なる音楽表現の比較を用いた学び合い，③お互いのよさに気付く協働の学び合い場面の設定が重要である。

　しかし，創発の学びで活躍していたのは，語彙が豊富だったり音楽活動が得意だったりする児童であることが多かった。創発の学びをより充実させていくためには，個人の思いや意図を生かしながら友達と協働して学び合い，全体で共有するより効果的な場の持ち方を考慮したり，児童の個々の考えがどのように深まり，変容していったのか，思考の軌跡（思考過程）が客観的に分かる手立てを工夫したりすることが必要であることが見えてきた。

　全ての児童が，体全体で感じ取ることのできる音や音楽に向き合って何かができるようになること，また，分かったことを他者に説明できるようになることは，自分の可能性の広がりを実感し，仲間と共に学習することの楽しさやおもしろさを理解することにつながり，音や音楽とさらに関わっていく力へとつながる。このような音や音楽，他者に対して能動的に問いかけたり，自分ならばどうするだろうかと考えたりして実践してみる力は，思考と体験が常に伴っており，社会生活において生きて働く力となる。

　創発の学びが充実している場面を想定したとき，そのような場面は，音楽に能動的に関わろうとする意欲や，音楽的な技能のある程度の素地があることが前提であることに気付

かされる。教科の特性と自分に自信を持てない本校の児童の実態から，意欲があっても技能が伴わないために上手く自分の考えを伝えられなかったり，友達と関わることができなかったりし，消極的になってしまう状況を克服し，全ての児童が，音楽的技能に対する不安を解消或いは軽減できるような支援を講じながら音や音楽に対して能動的に関わっていく力を養う魅力的な音楽活動を仕組めば，創発の学びを充実させていくことができる。

　個の力が高まり，能動的に音楽表現をしようとすれば，集団に刺激を与える。集団が刺激を受けて高まれば，大きな力となり個に影響する。この，個と集団のよい刺激のスパイラルを「創発の学びの充実」と考えた。

3　音楽科における創発の学びの手立て

(1)　個が生き，個と集団が高まる，音楽的価値に結び付く魅力ある音楽活動の工夫をする
　　能動的に問いかけたり，自分ならどうするだろうかと考えたりして実践する体験の場を設定し，思いや意図を表現して共有することで，思考力・判断力・表現力を高める。

(2)　思考の軌跡を見る
　　学習内容を吟味し，思考の軌跡がわかる学習シートを作成する。

(3)　個と集団の評価の工夫をする
　　演奏や学習シート，発言やつぶやきで個の考えを見取り，少人数での音楽活動や考えの交流の場を設けて，個と集団がよりよく関わることのできるような指示や発問をし，集団が音楽的価値に気付くようにする。

ハ長調の音階を使って，身の回りの音を楽器で表現する
2年「音のたかさをかんじとろう」

◇目指す「創発の学び」の姿

> 音や音楽，友達と能動的に関わって試したり説明したりして音楽的価値に結び付ける姿。

◇本実践の内容

　本題材では，カッコウの鳴き声を模倣して鍵盤ハーモニカで演奏する音楽活動を取り入れる。「真似っこ遊び」の感覚で鳴き声を探していく音楽活動の中で，旋律の特徴を能動的に発見し，鍵盤ハーモニカの演奏の技能を高めることを目指す。その後，児童が見付けた旋律の特徴を用いた楽曲があることを知らせ，演奏してみることで，学んでいることの音楽的価値について実感させる。真似っこ遊びをしながら音楽や楽器のおもしろさを感じ取らせ，音楽を形づくっている要素や音楽の仕組みを自ら発見したとき，児童は，その根拠を説明したくなり，説明することで集団との関わりが生まれる。

◇育成を目指す資質・能力

知識及び技能	• 感じ取った音を真似して歌ったり楽器で吹いてみたりして，音楽の構造や鍵盤ハーモニカの演奏の仕方に気付く。 • 聴き取った音や音楽に合った音楽表現で，音の高低や音の長さに気を付けて鍵盤ハーモニカを演奏することができる。
思考力・判断力・表現力等	• 音楽を形づくっている要素（旋律，リズム）に着目し，体を動かしたり言葉で表したりするなどして，工夫したい音楽表現について自分の思いや意図を持つ。 • 自分や友達，作曲家の音楽表現の音楽的価値に気付いて説明することができる。
学びに向かう力・人間性等	• 音や音楽から情景を想像し，思いを持って鍵盤ハーモニカを演奏する学習に，進んで取り組もうとしている。

◇題材の計画（全3時間）

　第1時：身の回りの音を模倣した音遊びをする。

　第2時：カッコウの鳴き声を模倣して，鍵盤ハーモニカを演奏する。（本時）

　第3時：旋律のおもしろさを楽しみながら，「かっこう」を歌ったり鍵盤ハーモニカを
　　　　　演奏したりする。

◇本時の目標
　カッコウの鳴き声を模倣して，鍵盤ハーモニカを演奏することができる。

◇指導上の留意点
　カッコウの鳴き声を視聴し，鍵盤ハーモニカで模倣できるか発問する。一人で何度も試行させた後，見付けた音を交流して共通点を話し合い，思考することで，離れた2音の下行音形がカッコウの鳴き声を表すという旋律の特徴を発見できるようにする。その話合いの中から，スタッカートやテヌートの奏法にも着目させ，音楽表現の力を高めることへもつなげていく。
　さらに，カッコウの鳴き声の登場する楽曲を鑑賞して，作曲家も，自分たちの見付けたカッコウの音形を取り入れて曲をつくっていることを発見・理解し，その曲の一部を演奏してみる。演奏を通して，自分たちの発見したことが音楽的に価値あることだと実感することができ，楽器の演奏や音楽の学びのおもしろさを深く感じ取らせる。
　また，指導者は，児童の音楽活動を聴き取り，支援しながら，音楽表現の工夫やつぶやき，発言など，音楽的価値につながる音楽活動を見取る。そうして個とグループ（集団）がよりよく関わるための言葉がけをしたり，音楽活動に対し，「なぜ」や「どこから」「どの音で」などと発問したりして，つぶやきや演奏の仕方の理由や根拠を児童に説明させることで，集団が音楽的価値に気付くようにしていく。

創発の学びを実現する…ここがポイント

○簡単に楽しくできることから新しい音楽的価値を見付けよう
　自分で見付けたカッコウの鳴き声の旋律（個）と友達の旋律（集団）とを比較し共通点を話し合い，カッコウの鳴き声が同じような旋律になることを発見する。最後に，実際の楽曲を鑑賞・演奏して，作曲家と自分たちの共通点から，身の回りの音の音楽的価値に気付かせる。

○誰にでもできる記録の残し方で学習を深めよう
　メモは，鍵盤でも縦の音階の図でもどちらでもよい。忘れないためのメモだと話し，自分の考えた音を記録させる。その記録があれば，友達の考えと比較して考えを更新できる。

◇授業の実際

ポイント1 簡単に楽しくできることから新しい
音楽的価値を見付ける

個が見付けたカッコウの旋律を生かし，個と集団の考えを比較して音楽的価値を見付けていく。

聴き取った音を旋律にする「真似っこ遊び」という気軽に楽しめる内容を楽しんで行うことで，能動的に問いかけたり，自分ならどうするだろうかと考えたりする。その音楽体験の場が，創発の学びとなる。

（カッコウの鳴き声をそれぞれ見付けて何人か発表，それらを板書でモデル化した後）

T：いろいろな音でカッコウの鳴き声ができるんだね。では1分後に全員で発表会をします。**お気に入りの鳴き声を選び，演奏する準備をしてください。**

> 全員に考えをしっかり持たせた上で個と集団の考えを比較することが大切である。そのため，必ず旋律を見付けるのだという見通しを持たせた。

T：（1分後）どの音が気に入ったか教えてください。ソミが気に入った人…（1つずつ聴いていった。**児童K，どれにも挙手しない。**）Kさんは，どの鳴き声が気に入ったの。
C：……。（ずっとワークシートを見ている。隣の児童Aは，Kが何で困っているのか覗き込んで一緒に考える）。

> Kが板書とワークシートを何度も見比べながら何かを考えこんでいる様子から，思いや意図を学習シートに書けずにいるのだと分かった。

T：<u>どの音を吹きたいのか，鍵盤ハーモニカで教えて。</u>
C：（レシを示す）
T：何に困っていたか分かりました。ドの上の音にしたかったんだね。こういうことだね？（ワークシートの ド の上に レ を書き足す。）

> Kの表現力を高めるための発問。

C：**ああ！**（納得した表情で，自分のシートに レ を書き足す。）
C：それで悩んでたんだね！
C：そういうことか！
C：そういう考えもあったんだ！

　鍵盤ハーモニカのイラストと，音階を縦に並べた図を用意して，鍵盤の位置と音高が視覚的に捉え易いように工夫した。全員の児童がワークシートへの書き込みが抵抗なくでき，個の考えを残すことができた。教師は児童の思考の軌跡がわかり，効果的な声がけをすることができた。

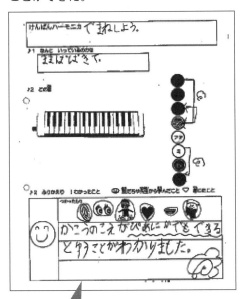
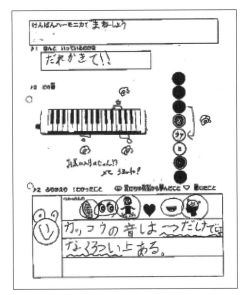

　１人１つ以上見付ける，シートにはいくつメモしてもよい，お気に入りを見付ける，と指示。児童は自分の考えを安心してメモし，教師は事前に書く児童の考えを見取ることができるため，発表させる準備ができた。
　振り返りの言葉から，何が分かったのかも読み取ることができる。

(考察)

　普段聴いたことのある鳥の鳴き声だったことと動画から音みつけの活動に入ったこと，短い音の聴き取りだったことから，能動的に音を探して何度も吹いて試すことができた。また，簡単に書き込める学習シートにより，全員が考えを記録することができ，素早い見取りが可能であった。個と集団の考えを比較することで共通点が見え，思考力・判断力が高まった。

（小川　暁美）

異なる音楽表現の工夫を比較して自分の考えを持つ
４年「せんりつのとくちょうを感じ取ろう」

◇目指す「創発の学び」の姿

> 「こう演奏したい」という思いをもとに，言葉の抑揚や旋律の特徴を関わらせて，歌って試しながら強弱による音楽表現の工夫を考える姿。また，友達の音楽表現との共通点や違いから，音楽表現の多様性や新たな音楽的価値に気付く姿。

◇本実践の内容

　本題材は，「赤いやねの家」の歌詞の内容と旋律の特徴を関わらせて音楽表現の工夫をする学習を行う。その際，児童の「こう演奏したい」という思いや意図をもとに，３年生までの学習を生かしながら，言葉の抑揚と旋律の特徴を，音高や旋律のつながりに着目させて，強弱をヒントに音楽表現を工夫していく段階を創発場面とする。その場面において，歌って試したり言葉で説明したりするなど，意見を交流して他者と能動的に関わり，新たな疑問を感じたり発見したりしながら音楽的価値に迫っていく。

◇育成を目指す資質・能力

知識及び技能	・歌詞の内容や旋律の特徴と強弱との関わりに気付く。 ・歌詞の内容と旋律の特徴を関わらせながら，曲想に合った音楽表現で，自然で無理のない歌い方で歌うことができる。
思考力・判断力・表現力等	・音楽を形づくっている要素（旋律・強弱）に着目し，それらと歌詞の表す情景や気持ちと関わらせて，工夫したい音楽表現について，自分の思いや意図を持つ。
学びに向かう力・人間性等	・曲の雰囲気や曲想を感じ取りながら，歌詞の内容から情景や気持ちを想像し，思いや意図を持って音楽表現をする学習に進んで取り組もうとする。

◇題材の計画（全３時間）

　第１時：歌詞の内容から情景を思い浮かべ，言葉を生かして歌う。
　第２時：**旋律の特徴を捉え，歌詞の内容と旋律の特徴を関わらせて，強弱による音楽表現の工夫を考える。（本時）**
　第３時：歌詞の内容と旋律の特徴を関わらせながら，音楽表現を工夫して演奏する。

◇本時の目標

　旋律の特徴を捉え，歌詞の内容と旋律の特徴を関わらせて，音楽表現の工夫をし，こう歌いたいという思いや意図を持つ。

◇指導上の留意点

　第1時の学習で，歌詞の内容や旋律から，気持ちが盛り上がっていると感じる部分は音高が高くなっていることを確認する。そして，楽譜に旋律線を引くことで，音高が高い音を探しながら，跳躍進行に注目するようにさせる。さらに，上行音形や音高が高いときは音が強くなったり，クレッシェンドしたりして歌うという既習の知識を生かして音楽表現をする。

　その上で，旋律が跳躍し音高が高くなっている部分を急に弱く，またはデクレッシェンドしながら歌う音楽表現を指導者が示し，この表現についてどう思うか発問する。既習のものと新しいもの2種類の音楽表現について自分の思いや意図に合う音楽表現をしっかり個や集団で思考させ，多様な音楽表現の仕方があることに気付かせることへつなげていく。

　さらに，他者の音楽表現を共有し，試す活動を通して，それぞれの音楽的価値に気付かせ，自分の音楽表現を見つめていく。

　指導者は個の考えやつぶやき，個と集団の関係を見取っていくために，何をするのか，またどのくらいの時間で活動するのか，児童が見通しを持って学習に取り組むことができるよう留意する。また，実際に歌って試すことを促しながら，教師は発言やつぶやき，音楽活動を見取って全体に広げるような発問や声がけをし，児童が新しい音楽的価値を見付けることができるようにする。

創発の学びを実現する…ここがポイント

○自分ならどうするのだろうかと考え，実践する体験の場を設定しよう

　これまでとは違う音楽表現を体験することで，自分ならどうするかを考えるきっかけを与える。

○友達と思いや意図を共有することで，思考力・判断力・表現力を高めよう

　友達の歌い方を試し，考えを共有することで，自分の音楽表現を見つめたり，多様な音楽表現の音楽的価値を発見させたりしていく。

◇授業の実際（第2時）

ポイント1 自分ならどうするだろうかと考え，実践する体験の場を設定する

T：（拡大楽譜の「いまはどんなひとが」
の「が」の部分を教師が指さす。）た
しかに音が高くなっているね。**では強
弱はどうしたいですか？**

いまは　どんなひと　　　が

> 「ふじ山」や「ゆかいに歩けば」で学んだ上行音形や跳躍進行では強弱を強くした
> りクレッシェンドしたりする歌い方を全体で試し，既習の音楽表現を確認させた。

C：盛り上がるように強く歌えばいいです。

T：じゃあそのように歌ってみよう。（全体で歌う）どうでしたか。

C：良かった。曲に合っています。

T：なるほどね。では，**この表現はどうかな？歌うから，聴いてください。**
（「と」から「が」の旋律が跳躍し音高が高くなっている部分を，教師がデクレッシェ
ンドしながら柔らかな音色で歌う。）

> これまでとは違う音楽表現を聴くことで，多様な音楽表現があることに気付かせ，
> 曲想にふさわしい歌い方を考えたり，自分ならどうしたいのかを考えたりするきっか
> けを与えた。

C：ダメじゃないけど，最初の方がいいです。

C：こっちの方が曲に合ってると思います。

C：今の表現でも歌ってみたいです。

T：それでは，いろいろな歌い方を試して曲に合った強弱の表現を考えてみましょう。

　この後に，様々な強弱による歌い方の工夫を試しながら，曲に合った音楽表現を考える。

ポイント2 友達と思いや意図を共有することで，思考力・判断力・表現力を高める

（個人で強弱による歌い方の工夫を考え終わった後）

T：自分が考えた表現を班で交流しましょう。

C：（一人ずつ考えた音楽表現を班の友達に発表し，班のみんなで再現する）

T：（助詞を弱くしている児童の所へ行って）ど
うしてこう考えたのですか。

C：弱くした方が，昔住んでいた家のことを懐か
しんで思い出しているような感じが表せると
思ったからです。

T：なるほどね。
(班の）みんなは歌ってみてどう思いましたか？

> 友達の歌い方の工夫を共有し，みんなで試すことで，新しい音楽的価値に気付かせる。

C：確かにそういうふうに聴こえます。

C：自分の考えとは違うけど，それもいいなと思いました。

　（班での交流が終わった後，全体に対して）

T：友達の考えはどうでしたか？

C：自分と同じ考えだったから，安心しました。

C：自分とは違う考えだったけど，なるほどなと思いました。

T：友達の考えを試してみて，**自分の考えはどのように変わりましたか？**

> 友達の歌い方の工夫との比較から，自分の考えを見つめさせた。

C：**最初は高い音を力強いフォルテにしたけど，ちょっと優しいフォルテの方が合ってる
　なと思いました。**

C：**優しいっていうか，ふんわりしたっていうか…。**

T：**フォルテにもいろんなフォルテがある**んだね。

C：友達の考えもなるほどと思ったけど，やっぱり**自分の考えの方が個人的に好きです。**

> 多様な音楽表現の工夫を認め，それぞれよさがあることを価値付けた。

―**(考察)**―――――――――――――――――――――――――――――――

　本実践では，教師や児童の思いや意図から生まれた様々な音楽表現を比較することで，それぞれのよさを考えたり，個人の好みに気付いたりする児童が見られた。音楽表現の多様さに気付くきっかけとなり，曲想にふさわしい音楽表現や自分らしい音楽表現を考える意欲が高まったと考えられる。また，個の考えを班や全体へと広めていき，友達と共有する場面を設定した。友達の考えに触れることで，自己の考えが変容したり，「力強いフォルテ」と「優しいフォルテ」のように，同じ強弱でも音色の違いに気付いたりする様子が見られた。友達との関わりで新しい音楽的価値が生まれていると捉えられる。

(伊藤　陽平)

図画工作科における創発の学び

よりよいものを創り出す子供

1 図画工作科における創造性とは

　図画工作科における創造性とは，感性と知性を働かせてよりよいものや新しい価値を生み出す能力と捉えた。これは，造形的な創造活動全体で発揮されるものであり，自分の思いを実現しようと主体的に活動に向かうときに強く発揮されるものと考える。

　例えば，題材の導入場面において，描きたいものやつくりたいものを発想・構想するとき，表現の場面では，イメージしたものを実現するために色や材料を選んだり組み合わせたりするときに発揮されている。そして，試行錯誤する中で，当初イメージしていたものを超えた表現（新たな工夫やおもしろさ等）が実現され，自分なりの新しい価値を生み出していく。このような造形的な創造活動を支えるのが図画工作科における創造性である。

　そして，創造性がより発揮されるために，主体的な追求活動につながるような課題の設定と，友達との関わりや試行錯誤の十分な保障が重要であることが，これまでの研究により明らかになってきている。

2 図画工作科における創発の学びとは

　「関わり」を生かしてよりよいものや価値を創り出そうとしている状態やよりよいものや価値が創り出される瞬間を図画工作科における「創発の学び」と捉えた。これまでの研究においては，学びの過程で「ひと・もの・こと」の３つの「関わり」を効果的に設定することで，一人ひとりの創造性が働き，よりよいものが創り出されていくと考えて研究を進めてきた。この「関わり」の中でも，今次研究においては，特に「ひととの関わり」に重点を置くこととした。

　「ひととの関わり」とは，「友達との対話を通して，活動方法や表現方法の知識を得たり，発想を広げたり深めたりする関わり」と捉えている。この「関わり」を授業場面で適切に設定し，集団の学びの中で創造性が発揮されていくことで，「創発の学び」が実現し，汎用的スキルである創造的思考・批判的思考・共感的思考を働かせることで，「創発の学び」の質も高めていくことができると考える。

　また，主体的な追求活動につながる課題設定をすることが，「ひととの関わり」を支える大きな条件であることもこれまでの研究で分かってきた。例えば，チョークを粉にして表したいことを見付けていく造形遊びの題材（実践例３年「まほうの粉から」）において，チョークの粉を使ってどんなことができるかを見付けていくという課題設定につなげるために，試行錯誤の時間を保障し，材料の特性を十分に味わうことができるようにした。子供達は，「息をふきかけるときれいに広がるよ」など，主体的に表現方法を探し，そのよさやおもしろさを友達と共有し，必然的に「ひととの関わり」が広がっていった。そして，

「そうか！じゃあもっとこうしてみたい。」と，具体的なイメージを持ったり，友達の表現方法と自分の表現方法を組み合わせたりして，よりよいものや新たな価値を創り出していくことへつながった。

　このように，題材のよさやおもしろさを十分に感じ取り，一人ひとりが主体的に活動に向かっているときに，子供達の喜びや楽しさを伴った「関わり」が生まれ，「創発の学び」を実現することができると考える。

3　図画工作科における創発の学びの手立て

(1)　「創発の学び」につながる題材の吟味と課題設定

　児童の実態や発達段階に合わせ，興味や関心を持つことができる題材であるかを吟味することや試行錯誤の場を十分に保障し，児童一人ひとりの実現したい思いを大切にして活動できるようにすること。そして題材のよさやおもしろさ等を十分に感じた上で，活動のゴールがイメージでき，そのためにするべきことが明確になった課題設定をする。

(2)　効果的な創発の学びの場面の設定

　子供たちの喜びや楽しさが伴う「ひととの関わり」を生かして「創発の学び」が実現できるように，一人ひとりの思いが深まっている場面に設定するなど，子供にとって必要感を感じられる場面を吟味する。

共に関わり合い認め合い，自分の「いいね」を生み出す
3年「まほうのこなから──造形遊び」

◇**目指す「創発の学び」の姿**

> チョークの粉の色や材料との組み合わせのおもしろさを感じながら活動に没頭し，友達と共感的に関わり合い，自信を持って表現を創り出す姿。

◇**本実践の内容**

　本実践では，チョークを粉にする行為から活動を始めていく。材料の上からチョークの粉を振りかけ，材料を取り除くと，型抜きの形が表れる。また，振りかけた粉を指でなでたり，息を吹きかけたりすると，新たな模様が表れる。粉を散らしたり，材料を組み合わせて様々な形を見付けたりする中で，自分がやりたいことを見付けていけるような活動である。

◇**育成を目指す資質・能力**

知識及び技能	・チョークの粉をかける行為を通して，チョークの粉の質感や色，材料の感じのよさが分かる。 ・手や体全体を十分に働かせて材料の組み合わせ方を変えたり，粉のかけ方や色を変えたりして，活動を工夫してつくる。
思考力・判断力・表現力等	・チョークの粉や身近な材料から，新しい形や色を思い付き，どのように活動するか考える。 ・自分たちの作品や，製作過程などの造形的なよさやおもしろさを感じ取り，自分の見方や感じ方を広げる。 ・形や色などの感じを基に，自分のイメージを持つ。
学びに向かう力・人間性等	・進んで表現したり鑑賞したりする活動に取り組み，自分の思いを具体的な形や色などに表そうとしている。 ・形や色などを視点に，比べたり，選んだり，つくり出すなどし，楽しく豊かな生活を自らつくり出そうとしている。

◇**題材の計画（全2時間）**

　第1時：チョークを粉にできることを知り，そのよさやおもしろさから活動への意欲を高める。材料に関わる中で，活動を思い付き，活動を工夫する。（本時）
　第2時：工夫して活動に取り組み，友達の作品を鑑賞し，そのよさやおもしろさに気付く。

◇本時の目標

チョークの粉や身近な材料を基に活動を思い付き，試しながら活動を工夫してつくる。

◇指導上の留意点

題材の導入にあたっては，実際に粉になったチョークが落ちてきれいな色がつく様子から，活動への意欲を持たせ，一人ひとりがチョークを粉にする活動を十分に行う。その上で，チョークの粉の色や，質感などから粉を伸ばす，色を混ぜる等の活動を思い付けるように，感じたことや気付いたことを話し合う。さらに，木片や皿などの材料を示し，材料の上から粉をかけることで，新たな活動ができることに気付くことができるようにする。

材料に働きかけ，思い付いた活動をしていく段階では，思い付いたことや工夫したことを交流しながら，さらに活動を広げていけるようにしたい。グループ毎に１つのプラスチック段ボールの上で活動をする。大きな段ボールの上で活動をしていくことで，自分の表現だけでなく，友達の表現を見て自然に発想を交流できるようにしていく。つくり，つくりかえながら活動を発展させていく様子を丁寧に見取り，表現を認め励ましていく教師のフィードバックを大切にする。

まとめの段階では，自由にそれぞれのグループの作品を鑑賞する時間を設ける。段ボール上に残った粉の色やできた形のよさを感じたり，発想のおもしろさを交流したりすることで，友達と関わり合いながらそれぞれの工夫のよさを見付けられるようにする。

創発の学びを実現する…ここがポイント

〇自分の思いに基づき，一人ひとりが答えを見付けたくなるような課題の設定につながる工夫をしよう

題材に浸り，よさやおもしろさを感じられるような試行錯誤の保障や仲間の考えに傾聴する共感的思考を発揮する働きかけ。

〇関わり合いを促す教師の見取りと場の設定を意識しよう

必然的な「関わり」が生まれる場面の設定と子供の「瞬間」を見逃さず，フィードバックするための視点の明確化を図る。

◇授業の実際（第1時）

ポイント1　自分の思いに基づき，一人ひとりが答えを見付けたくなるような課題の設定に
　　　　　　つながる工夫

　試行錯誤での一人ひとりの発見を共有し，表現のイメージを広げる。

T：まずは，自分で粉をつくってみましょう。試して感じたことを教えてください。

C：きれい！　いいね！

C：うわー！　雪みたい。

C：高いところからふりかけると，きれい！

> 　白い粉が落ちる様子，下に積もる様子のおもしろさを感じていることや，色の種類
> に着目して，自分がやってみたいことを見付けていることを共感的に認め，価値付ける。

T：おもしろいね。どんなことができそう？

C：色をまぜたらおもしろそう！

C：レモンの粉とメロンの粉，果物の粉みたい！果物をつくれるかもしれないな。

T：色に注目するのもおもしろいね。他の色もあるから，試してみて。

（全体で集まる）

T：試してみてどんなことができましたか？

C：黄色い粉を使ったら，星のように見えました。

C：粉を固めたら何かできそう。

C：粉を散らして，絵を描けそうです。

> 　粉の形や色の特徴からイメージしたことと，表現方法について，気付いたことを共
> 有し，活動のイメージを広げていく。

T：少し試しただけなのに，できそうなことや，**粉の特徴からイメージがたくさん思い浮
かびました**ね。では，今日は，この粉を使って，どんなことができるかみんなで見付
けていきましょう。

◀粉を集めることで，
　形が整い，色がはっ
　きりと見えることに
　気付いている様子

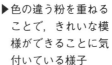
▶色の違う粉を重ねる
　ことで，きれいな模
　様ができることに気
　付いている様子

ポイント2 関わり合いを促す教師の見取りと場の設定　友達の「いいね」が自分の「いいね」に

（表現の場面）

T：これ，おもしろそうだね。

C：お皿の上に全部の色を順番にかけています。

T：へぇ～。きれいだね。どうしてお皿にしたの？

C：このお皿を取ると…（きれいな円が表れる）

T：きれいだね！　**いい方法を思い付いたね。**

> 子供が「こんなことをしたよ。」と言えるように，子供の表現の工夫を聞き取り，活動を思い付いている事を認めていく。

C：〇〇ちゃん，その上から色を重ねてみたら，もっときれいになるかも。

T：あ～。**それもいい考えだね。**

C：いいかも。紙コップも使ってみようかな。

C：それ，おもしろそうだね。

T：**一緒に新しいことを考えていけそうだね。**

> 子供は，教師とのやり取りや友達の活動を見ていて，常に自分の表現に生かそうとしている。共感的な関わりを認め，自分の表現に自信を持って取り組めるようにする。

友達の試した形や色のおもしろさを一緒に感じている様子。必然的に友達と関わる場の設定

手の上から振りかけて，残った形を友達と楽しんでいる様子。教師もよさを価値付けていく

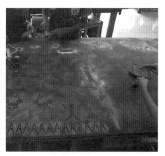
友達の表現を見て，空と草原にしてみようと，グループで1つのテーマで表現していった様子

（考察）

　共感的に関わる姿を積極的に認めることで，自分の表現に自信を持ったり，表現方法を広げたりすることができた。また，本時でどのような資質・能力を育成するのかを明確にすることで，その視点で子供の活動を形成的に評価し，主体的な学びへとつなげることができた。

　表現されたものの質を高めていくために，発達段階に応じた批判的思考を発揮させる場面の在り方を吟味していく必要がある。

（金子 裕輔）

自分だけのタワーづくり　交流からイメージを広げる
5年「オリジナルタワーを立てよう——立体に表す」

◇目指す「創発の学び」の姿

> 　針金の特性を生かし，自分のつくりたいオリジナルタワーにぴったりの立たせ方を見付けている姿。

◇実践の内容

　本実践は，ペンチやラジオペンチなどの用具の使い方に慣れ，アルミ針金の曲げ方や接合の仕方を工夫したり，立て方や飾り方をいろいろ試したりしながら，美しさやバランスを考えた立て方や飾り方を工夫し，自分の思い描いたタワーをつくる題材である。

◇育成を目指す資質・能力

知識及び技能	・自分の感覚や行為を通して，針金を使った立体の造形的な特徴を理解する。 ・立体に表す活動を通して，表現方法に応じてペンチを利用しながら針金の特徴を生かして立体に表す。 ・前学年までの材料や用具などについての経験や技能を総合的に生かしながら工夫して立体に表す。
思考力・判断力・表現力等	・立体に表す活動を通して，用具や技法の特徴などを考えながら，どのように自分の構想したタワーを表すかについて考える。 ・形や色などの造形的な特徴を基に，自分のイメージを持つ。
学びに向かう力・人間性等	・主体的に表現したり鑑賞したりする活動に取り組み，自分のイメージを持ちながら新しい価値や自分なりの意味等をつくり出す喜びを味わうとともに，他者とコミュニケーションし，造形的なよさや美しさを追求しようとする。

◇題材の計画（全4時間）

　第1時：針金を加工しながら自在に形を変えることができる特性に触れる。

　第2時：自分の考えたタワーに生かせる立たせ方を見付ける。（本時）

　第3時：自分の構想した立体を表す。

　第4時：作品を鑑賞し合い，作品から感じ取ったよさを交流し，自分の学びについて振り返る。

◇本時の目標

　針金の特性を生かして，自分の考えたタワーの立たせ方を見付けることができる。

◇指導上の留意点

　題材の導入の段階では，針金を自由に曲げたり，巻き付けたり，伸ばしたり，ねじったりなど，加工しながらつくる楽しさを味わわせる。その際，針金を立体的に加工している児童の作品を取り上げ，針金を立体的に表すことへの興味を持たせる。また，針金でつくった作品をクラス全体で鑑賞する場所を設定し，児童同士がどのような作品をつくりたいかを交流することで活動への意欲化を図る。

　自分の思いを表現する活動の段階では，「未来のたけ（クラス名）シティーをつくろう」を解決するために，自分自身はどんな立体に表したいかをイメージさせる。多様な立たせ方があることを確認し，試行錯誤を繰り返し，仲間との交流をすることで，児童が自分の表したい立体を表すために適切な立たせ方を見付けさせる。

　自分のオリジナルタワーをつくる段階では，前時までの経験を総合的に生かしながら，ワークシートに「オリジナルタワーの設計図」を作成する。作成の中間でお互いに作品を見合う場を設定し，自分の作品を見つめ直したり，友達の作品のよさから新しい価値に気付いたり，新しい価値を創り出せるような場面を生み出したい。

　まとめの段階では，自分達の作品について鑑賞する時間を設定し，自分や友達の作品から見付けたり，考えたりしたことを話し合い，お互いの作品のよさやおもしろさに気付かせ，今後の活動への自信や意欲につなげることができるようにする。

創発の学びを実現する…ここがポイント

〇題材設定の工夫をしよう

　子供たちにとって魅力的な題材のゴールを設定する。例えば，みんなで1つの街をつくろう，お家の人を招待するかざりをつくろうなど，題材を通して意欲的に活動できるようなゴールを示す。

〇試行錯誤で多様な表現方法を見付けさせよう

　試行錯誤することで，素材の特性や表現方法について実感をともないながら理解することができる。実感的に理解した上で関わりを設定することで，友達の表現のよさやおもしろさへの気付きがするどくなり，自分の表現の質を高めることにつながる。

◇授業の実際（第2時）

ポイント1 「創発の学び」の充実につながる題材の吟味と課題設定

　針金の持つ「自由に形を変えることができる」という特性に触れ，針金を立体に表すことへの意欲を持つ。

T：どんなタワーをつくりたいですか。

C：六角形のドームタワーや高層ホテルのような大きなタワー，蜘蛛の巣タワー，未来的なロケットタワーです。

T：<u>タワーを立たせるためにまず必要なことはなんですか。</u>

C：針金を立たせることが必要です。

T：この針金の立たせ方が分かる人いますか。

（3名全体の前に出て説明）

T：インタビューです。<u>どのように立たせましたか。</u>

> 　針金は自由に形を変えることができることを確認し，様々な立たせ方があることを知ることにより意欲を持たせる。

C：針金を使って脚を3本つくって立たせました。

T：なぜ，脚は3本にしましたか？

C：4年生のときに，割りばしで高い家をつくったときに脚を3本にしたら安定したからです。

T：<u>今までの学習で使ったことも使えそうですね。</u>

> 　立たせ方のイメージが持てない児童のために，全体の場で発表させ，イメージを持たせる。その際に，既習の学習の内容を想起させるようにする。

　安定して，土台がしっかりしているタワーをつくるには，みんなが前の時間に発見したどの技を使うとよいですか。

C：ねじる技。つなげる技。

T：すごいね，みなさんいろいろな技を持っていますね。

　技を上手に使って，自分だけのタワーをつくり上げましょう。

> 　試しの時間を十分に確保すること，「見通す」「試す」「交流する」の段階を踏むことで，児童の発想を広げ，立体に表すことに意欲を持つことができるようにする。

ポイント2 個の発想を集団に広げ，思いのこもった「自分だけ」をつくり出す

試行錯誤で見付けた発見を交流し，自分のイメージを広げる。

お互いの作品のよさを見付けやすくするために，黒いシートを準備した。これは，光の当たり具合で，影ができたり，反射して光って見えたりする効果を狙った。このことで，子供が主体的に多様な角度から作品鑑賞をする契機となる。「じっくり見よう」と言わなくても，子供自らが，知識を駆使しながら，立たせるための工夫を見付け出す。

T：作品を前に持ってきます。

(黒板前に黒いシートを敷いて全員の作品を並べる。「すごい」と思う作品を児童に紹介させる)

T：では職人の技を紹介してもらいます。

C ：下の部分を円にすることで，土台が安定しています。

> 発言から，作品を上下左右，いろいろな角度で見る子供が出現する。

C：いろいろな技を組み合わせて使うことで，より安定します。

T：どの技を使いましたか？

C：「曲げる技」と「つなげる技」「ねじる技」を使いました。

> いくつかの技を組み合わせている児童を取り上げることで新たな「立たせ方」に気付かせる。

T：このことから気付いたことは何ですか。

C：**バランスのいい，自分だけの立体をつくるためには，技を組み合わせるといいことです。**

> 本児童は，仲間の発言と作品を見比べたり，多様な角度から観察したりすることで，組み合わせの大切さに気付くことができた。これは，自分の中にある，経験と目の前の作品を関連付けながら考えることで発想が広がったと考えることができる。

◀友達の土台を円にする方法から自分のタワーの立て方を発想した

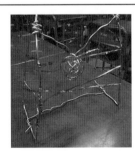

◀2つの三角の形の針金をつなげ，組み合わせて，安定させて立てることができた

(考察)

導入段階で，前学年までの既習事項を確認し，それが今回の学習でも使えないか考えさせたことで，見通しを持って取り組むことができた児童が多かった。交流の時間を確保したことで，自分の作品に合った立たせ方を見付けることができた児童が多かった。針金同士を接合させる技能が不十分だったため，思うように表現できない様子が見られた。身に付けさせたい技能はしっかりと定着させる必要があると感じた。

(小田 誠)

家庭科における創発の学び
生活の営みに係る見方・考え方を働かせ，生活をよりよくしようと工夫する子供

1　家庭科における創造性とは

　現在の社会は「成長社会」から「成熟社会」に急速に変化している。それに伴い，人々の価値観も多様化し，社会が複雑化して変化が大きくなってきている。「みんな一緒」という感覚から「それぞれ一人ひとり」という感覚へと意識が変化している。このような考えは当然，家族，家庭生活にも大きく影響をもたらしており，私たちが求める「よりよい生活」には正解がない時代となってきている。

　「よりよい生活」とは「今の生活の課題が統一的に解決され，自分の思いや願いの実現を図ることができる生活」である。「統一的に解決する」とは，一つの見方だけではなく，複眼的に自分の生活を見つめ直し，様々な要素を取り入れながら，自分の生活に合わせてよりよい方法を取り入れていくことである。社会の変化によってもたらされる諸問題を解決し，自分の思いや願いの実現を図っていくために，「創造性」は不可欠である。

　家庭科における「創造性」とは「基礎的な知識及び技能を組み合わせたり生かしたりしながら，自分の家庭との関連性を考慮し，よりよい生活を創り出そうとすること」である。それは，現在や将来の自分の家族，家庭生活に当てはまり，自分の生活に生かされるものでなければいけない。

　「創造性」が十分に発揮されるためには，家庭生活への思いや願いを持つことが大切である。思いや願いは，様々な問題解決への原動力となるものである。また，すでに明らかにされていることでも，「なぜそうなったのか」「もっとよい方法はないのか」「どうしたらできるのか」と広く，深く考えていく態度は，新しいものを創り出す行為につながるものであり，そのときにも「創造性」は発揮されるものと考える。

2　家庭科における創発の学びとは

　子供たちの家族・家庭生活は個々によって多様である。また，子供たちの生活経験，生活技能も乏しくなってきている現実もある。だからこそ，友達や集団と関わることで自分にとって新しい発見や工夫，コツに気付くことができると考える。そこで，家庭科における「創発」の学びを以下のように考える。

　　　よりよい生活に対する願いや思いを統合し，集団として，日常生活における共通の課題解決に向けて生活の知恵を見出し，各家庭におけるよりよい生活の創造につながる学び

　実生活に結び付いた問題解決的な学習の中で，「創発」の学びを行っていくことは，家庭科の目標を達成し，「よりよい生活」を実現していくために必要であると言える。

家庭科の学習で「創発」の学びを効果的に展開できる場面を次のように考える。

---

①自分の生活を見つめ交流し，課題を設定する場面
②方法・コツ・工夫を見出すために試行錯誤する場面
③各家庭での実践方法や工夫のあり方を模索する場面
④既習の知識・技能を活用し様々な家庭の仕事を行う場面
⑤多面的・多角的に物事を捉え，意思決定を行う場面

　個々の考えが集団の中で生かされ，再結合され，自分の生活との関連性が見出される場面で「創発」の学びは効果的に展開できると考える。そして，「創発の学び」を充実させるためには「創発場面」において，より質の高い生活の知恵（価値）を見出すことができるようにすることが大切である。なぜなら，単に知識や技能が身に付いただけでは家庭実践には結び付きにくいからである。家庭科で求められる見方・考え方で生活を見つめられるようになり，知識や技能が概念化されることで主体的な実践に結び付いていく。そのために「創発場面」では，家庭科で求められる見方・考え方を捉えるための要素を明確に取り入れていくことで，より質の高い生活の知恵（価値）に気付かせ，「創発の学び」の充実を図ると共に，家庭科で求められている生活をよりよくしようと工夫する資質・能力の育成を図っていきたい。

3　家庭科における創発の学びの手立て

(1)　オーセンティックな課題の設定

　オーセンティックな課題の設定とは，より実際の家庭生活に即した課題を設定することである。オーセンティックな課題を設定することで，子供の課題意識・目的意識が高まる。また，実際の家庭生活に即した課題は各家庭の価値観やコツ・工夫の交流にもつながる。それぞれの家庭，自分の経験をもとに交流できる課題であるからこそ，その過程で「創発」のある学習活動を展開することができ，子供達にとって新しい価値への発見，気付きへとつながる。

(2)　見方・考え方に関わる要素を明確にした試行錯誤や交流場面の工夫

　家庭科で求められる見方・考え方を捉えるための要素を明確にして学習に取り入れていくことで，子どもたちにより質の高い生活の知恵（価値）を見出させたい。そのために「創発場面」では，児童に2つ以上の要素を示していく。2つ以上の要素を示すことで，課題に対し複眼的に考えることができるようになり，汎用的スキルも発揮しやすくなると考える。

家庭科　実践例❶

「食事の役割」について多角的に捉え，よりよい食生活を創り出す
6年「みんなでおいしく楽しい食事──毎日の食事を見直そう」

◇目指す「創発の学び」の姿

> 食事の役割や大切さ，一食分の食事の整え方について理解し，それらを活用して自分たちの食生活をよりよくする工夫を創り出そうとする姿。

◇本実践の内容

　本実践では，休日の昼食から，一食分を整えることについて考え，「健康」という見方・考え方を捉えさせていく。その上で給食の献立をもとに栄養バランスを整えることの大切さや，食事は心にも影響していることについて考えていく。その後，学習したことを生かして，1年生とのたてわり弁当交流会の食事の仕方について計画を立て，実践し，振り返ることで，次の各家庭での実践につなげていくことができるようにした。

◇育成を目指す資質・能力

知識及び技能	・食事の役割が分かり，楽しく食べるための食事のマナーについて理解する。 ・栄養バランスを考えながら，一食分の食事を整えることができる。
思考力・判断力・表現力等	・おいしく楽しい食事とは何か，またそのためにどのように食事をするとよいか考え工夫している。
学びに向かう力・人間性等	・食事の役割や食事の仕方について意欲的に考えたり，よりよい生活を創ろうと，積極的に活動に取り組んだりしようとしている。

◇題材の計画（全5時間）

　第1時：休日の昼食から，一食分の整え方について問題を捉え，学習全体の課題を持つ。

　第2時：給食の献立表をもとに栄養のバランスについて考え，給食にはどのような工夫があるのか考える。

　第3時：「心においしい食事」について考える。（本時）

　第4時：たてわり弁当交流会の様子から自分たちの食事についての課題を捉える。

　（課外）：1年生とのたてわり弁当交流会を行う。

　第5時：1年生とのたてわり弁当交流会の振り返りをする。

　（課外）：各家庭での実践

◇本時の目標

食事が心に与える影響について理解することができる。

◇指導上の留意点

題材の学習目標を，「一食分の食事の整え方について理解するとともに，食事の役割や食事の仕方に関する基礎的・基本的な知識及び技能を身に付け，自分たちの食生活をよりよくしようとする実践的な態度を育てる」とした。

導入では，食事の栄養バランスはよいが，散らかった部屋で一人きりでとる食事の様子を表した資料を提示する。その上で「おいしい」とはどういうことか考えさせ，心にもおいしい食事があることに気付かせる。

展開では，日常の給食や食事の時間を想起させ「心においしい食事」にはどのようなことが大切か考えさせる。その後，食事と心の関係について示した資料を提示し，食事は体だけではなく心にも影響していることに気付かせる。学習したことを踏まえて，家庭での食事中にどのような工夫ができるか考えさせ，1年生とのたてわり弁当交流会の実践や各家庭での実践につなげていく。

創発の学びを実現する…ここがポイント

○生活経験と科学的資料とを結びつけよう

食事の役割というと栄養的な面が一番に思いつく。そこで，「人と人とのつながりを深める」「心を和ませる」といった食事の役割についても捉えさせるため，科学的な根拠を示して児童の理解をより深める。

○学習したことを実生活に照らし，学びを生活とつなごう

体にも心にもおいしい食事にするための工夫について，自分の家庭を想起させながら考えさせる。その際，友達と交流しながら考えていくことで，自分の家庭にはないアイディアを取り入れたり，自分の考えをより確かにしたりさせる。

◇実際の授業（第3時）

ポイント1 生活経験と科学的資料とを結びつける

　本時では，「おいしく楽しい」食事の仕方の工夫を考えさせることで，食事が心に与える影響について理解を深めさせるとともに，家庭科の見方・考え方の「健康」を捉えさせたいと考えた。そのために，「心においしい」とはどのようなことなのかを児童の生活経験から想起させ，それらの経験が心や体にどのような影響を与えているのかを資料から考えさせた。

T：みんながおいしいと感じるのはどんなときですか。

C：おいしいものを食べたとき！

C：友達と食べているときです。

T：ではおいしいと感じるのはどこですか。

C：舌！

T：実はもう一か所，みんなの体でおいしいと感じるところがあります。それは脳です！
おいしいと感じているとき，脳はこのように反応が出ます。（資料①）この反応がさらに強くなるときがあります。どんなときだと思いますか。

C：すごくおいしいものを食べたとき！

C：誰かと食べているとき！

T：実は，家族と一緒に食べているときなんです。この資料からどんなことが分かりますか。（資料②）

C：**家族と食べると，さらにおいしく感じるということが分かります。**

> 　2つの脳の反応を示すことで，「おいしい」を科学的に捉えさせた。特に「心においしい」という考え方に気付かせることができ，子供の考え方が広がったと感じた。

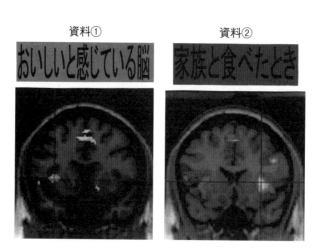

資料①　　　　　　　　資料②

学習したことを実生活に照らして，学びを生活とつなぐ

　楽しい雰囲気で食事をすることで，心にも体にもおいしい食事になるということを全体で確認した後，グループごとに家族と家で食事をするときに「心においしい食事」にするための工夫について考え，その後全体で考えを共有した。食事の場を「家」と限定したことで，それぞれの家庭を想起し，自分たちにできそうな工夫を考え，話合いを行った。

◆グループでの話合い

Ｃ：楽しい雰囲気にするためには会話が大切だと思うなあ。

Ｃ：学校であったことを話すのはどうかな。

Ｃ：それもいいね。

Ｃ：私の家ではテレビをつけていて，番組のことについて家族で話をするよ。

Ｃ：うちでは食べるときにはテレビはつけないよ。テレビがついていると逆に会話がなくなるんじゃないかな。

Ｃ：でも同じ話題について話ができるから，盛り上がるんじゃないかな。

◆全体での話合い

Ｔ：どのような工夫がありますか。

Ｃ：家族と楽しく会話をすると心にも体にもおいしい食事になると思います。

Ｔ：「楽しく」するためにはどんな会話がいいのかな。

Ｃ：たとえば，その日学校であったことを話せばいいと思います。

Ｔ：会話もおいしい食事につながりそうですね。他の人はどうですか。

Ｃ：食事をとるテーブルの周りなどもきれいにし，お皿にきれいに盛り付けて食べると心にもおいしい食事になると思います。

Ｔ：これについて他の人はどう思いますか。

Ｃ：私は，きれいにしすぎるのには反対です。きれいすぎて何もないような所で食べるのは，さみしい感じがして心においしいとは感じないと思います。

> 実際の家庭での食事場面を想起させたことでイメージしやすくなった。
> 批判的思考を使い，食事をとる環境についても考えを広げることができた。

（考察）

　生活経験と科学的資料とを結び付けたことで，普段の食事の中で感じていることや行っていることが，体や心にどのような影響を与えているのかについて理解を深めることができた。また，「家庭での食事」と視点を絞って工夫を考えたことで，学習したこととそれぞれの家庭の状況を照らし合わせながら，食事についての考え方を広げることができた。次は，子供自らがそれぞれの生活経験をもとに，考えを広げたり深めたりすることができるような手立てを講じていきたい。

（遠藤　真央）

「快適」な住まいについて複眼的に考え自分なりの答えを創り出す
6年「考えよう快適な住まい──夏の快適な住まい方」

◇**目指す「創発の学び」の姿**

> 住まいの「快適」を複眼的に考え，暑さへの対処の仕方や必要性，自然を生かして住まうことの大切さについて理解し，自分なりの快適な住まい方を創り出そうとする姿。

◇**本実践の内容**

　住まいの役割や住まいに自分たちが何を求めているのかについて考えさせることで「快適」という見方・考え方を捉えさせる。そのために，日本の四季の変化に着目させ，年間を通して快適な生活を送るためには，暑さや寒さへの対処の仕方などを適切に工夫する必要があることに気付かせた。そして，これから夏をむかえるにあたり，暑さへの対処の仕方やそれらと通風との関わり，適切な採光の必要性などについて「窓」を切り口に実践的・体験的な活動を展開し，快適な住まい方の工夫について考えさせた。児童に「快適」という見方・考え方を捉えさせるために，本実践では「快適」に係る要素を2つ以上示し，住まいにおける「快適」とは何かを複眼的に考えることができるようにした。

◇**育成を目指す資質・能力**

知識及び技能	・季節の変化に合わせた生活の大切さが分かり，快適な住まい方について理解している。 ・自分の課題解決に向けて，色々な方法で快適な住まい方について調べることができる。
思考力・判断力・表現力等	・季節の変化に合わせた住まい方について課題を見付け，自分の生活に合った快適な住まい方について考えたり工夫したりしている。
学びに向かう力・人間性等	・季節の変化に合わせた生活の仕方に関心を持ち，快適な住まい方について考えようとしている。

◇**単元の計画（全8時間）**

　第1時：生活を振り返り，住まいの役割について考える。

　第2時：快適な住まい方について課題を立てる。

　第3・4時：快適に住まうための窓の役割とその効果を調べる。

　第5時：夏を快適に過ごすための窓回りの工夫を考える。（本時）

　第6時：夏を快適に過ごすための昔ながらの工夫やその効果を調べる。

　第7時：夏を快適に過ごすための部屋の工夫を考える。

　（課外）：各家庭での実践

　第8時：各家庭での実践を交流し，良かった点や改善点について振り返る。

◇本時の目標

夏を快適に過ごすための窓回りの工夫を考えることができる。

◇指導上の留意点

導入では，住まいの役割や住まいにおける快適とは何かを考えさせることで，今まで無意識に過ごしていた住まいに，自分たちが何を求めているのかについて気付かせ，住まいに関する興味・関心を高めさせたい。

その後の展開では，日本の四季の変化に着目させ，年間を通して快適な生活を送るためには，暑さ・寒さへの対処の仕方などを適切に工夫する必要があることに気付かせたい。

そのために，これから夏を迎えるにあたり，暑さへの対処の仕方やそれらと通風との関わり，適切な採光の必要性などについて「窓」を切り口に実践的・体験的な活動を展開し，快適な住まい方の工夫について考えさせていく。その際，冷房器具の使用については認めつつも，自然を上手に利用することで涼しく過ごす工夫について考えさせ，家庭での実践へとつなげていきたい。

創発の学びを実現する…ここがポイント

○オーセンティックな課題の設定をしよう

夏の快適さにおいて「採光」と「通風」という視点では，窓が住まいの快適さにつながる。しかし，「熱」という視点で考えると，窓が住まいの快適さを妨げてしまう。その矛盾を意図的に生じさせることで，児童の快適についての思考を深めさせる。

○子供が交流し新しい価値を創り出す場面を設定しよう

日よけを3種類（よしず，カーテン，グリーンカーテン）用意し，それぞれが採光，通風，熱にどのような影響を与えるのか，実践的・体験的な活動を通して学ぶことで，快適に対する考え方を広げたり深めたりさせる。

◇授業の実際（第5時）

ポイント1 オーセンティックな課題の設定

　これまでの学習で，児童は窓による「採光」と「通風」という要素が，住まいの快適さにつながっているということを，実践的・体験的な活動を通して学んできた。しかし，夏の快適さにおいて「遮熱」という要素で考えると，窓が住まいの快適さを妨げてしまうという矛盾が生じる。そこで本時では「採光」「通風」という今まで学んできた要素に「遮熱」という要素も加えた資料を提示し，児童の課題意識を高めさせた。

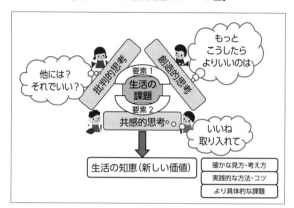

【充実している創発場面のイメージ図】

T：この資料からどんなことが分かりますか？（右図）

C：え〜！窓からこんなに熱が伝わってくるの。

T：これなら窓はない方がいいんじゃないかな。

C：それはだめです。

C：（窓は）あった方がいいと思います。

C：（窓が）ないと明るさも風も入らないし…。でも（窓が）あると熱が伝わってくるし…。

> 　身近な話題だけに，課題の切実感を理解しやすい。快適さにおける窓の役割を見つめ直す契機となっている。他方，身近な話題のため，結論が多岐にわたり，混沌とした状況になっている。

C：あ！カーテンをつければいいんじゃないかな。

C：なるほど！そうすれば明かりや風も取り入れながら，熱を遮ることができます。

T：それでは今日は，窓回りの工夫を考えていきましょう。

ポイント2 子供が交流し新しい価値を創り出す場面の設定

　ポイント１で示した課題を解決するために，夏を快適に過ごすための窓回りの工夫について「明るさ」「風通し」「熱」を要素にグループで実験を行った。３種類の日よけを用意し，それぞれが明るさと風通しにどのような影響を与えるのか調べることで，「快適」さについて追究した。

（それぞれの日よけのメリットとデメリットを検討している場面）

〔グループごとの学習〕

Ｃ１：グリーンカーテンとよしずを組み合わせたらどうかな。

Ｃ２：確かに組み合わせたら１つのときよりももっと熱を遮りそう。

Ｃ３：でも，２つとも外側につけるし，どっちもつけたら天気によっては部屋が暗くなりすぎたり，風が通りにくかったりするんじゃない。

Ｃ４：**分かった！よしずを横向きにしてすだれみたいにしたら？くるくる巻いて，長さを調整できるよ。そうしたら，天気に合わせて明るさや風通しを調整できるんじゃない？**

> 　仲間の会話が引き金となり，新しい考えを創り出すことができた。これは，子供の考えを積み上げられるような意図的な資料提示による素地の形成が手立てとなっている。

（試す）

Ｃ４：できたできた！

Ｃ２：これだったら外じゃなく中につけられるんじゃない？

Ｃ３：確かに！そうすれば外にグリーンカーテンもつけられる！

（考察）

　子供にとってオーセンティックな課題にするために，今までの知識や経験とギャップのある資料を提示することで，学ぶ必然性を持たせることができた。また，窓まわりの工夫について「明るさ」「風通し」「熱」という３つの要素で考えさせたことで，課題を複眼的に捉えたり汎用的スキルを発揮したりして，自分なりの「快適」な住まい方を創り出すことができた。

　次は，生活の営みに係る見方・考え方を子供が自ら意識しながら生活の事象を見つめられるように，自己の生活を見つめる場面の充実を図っていきたい。

（伊藤 雅子）

体育科における創発の学び
試行力を育み進んで運動と関わる子供

1　体育科における創造性とは

　体育科における創造性を次のように捉えた。

　「体育科の学びの中で，子供たちが強い課題意識・目的意識のもと，主体的に運動に取り組み，集団の中で深い探究活動を行い，自分たちにとって新しい価値を創り出そうとする際に発揮される力」

　体育科の学びにおける創造性は，スポーツ界のような最先端の技術や指導法を生み出すことではない。子供たちが直面している運動課題の解決に向けて，仲間と考えを合わせながら，自分なりの言葉でアドバイスをしたり，今までの運動経験から課題に合った練習を選択したりする際に発揮される。

　例えば，自分なりの言葉でのアドバイスは，内在している「こつ」や「勘」を，他者に配慮しながら，擬態語や擬音語で表現したり，比喩的な表現で伝えたりする際に，創造性を発揮している。運動経験からの選択では，仲間の状態からつまずきを見付け，その解決方法を判断することは，その仲間に対するオーダーメードの練習を提供することであり，新しい価値を創造する営みということができる。

　また，体育の創造性の特徴として，一人ではなく集団の中で働くことである。体育では，一人で学ぶことはほとんどない。仲間との多様な関わりを通して，「できる」「わかる」子供になっていく。その，「できる」と「わかる」をつなぐものこそが，創造性である。できるからこそ，仲間に伝えられる感覚があり，分かるからこそ状態をつぶさに伝えることができる。裏を返せば，自分はできなくても仲間に「わかる」ことを伝えることで，「できる」ようになることもあるし，またその逆も起こる。それは，子供が思考し，創造するから起こることであり，この構造は，他の教科にも転移することのできる力であると考える。

2　体育科における創発の学びとは

　体育科における創発の学びを，以下のように規定した。

　「集団と関わりながら，身に付けた知識や感覚を使って，運動のポイントを発見したり，集団として動きやルールを工夫したりする学び」

　新しい価値を創り出すために，大切だと考えるポイントを次に示す。

- 学習集団の中で話し合ったり試してみたりしながら主体的に学習を進めること。
- 運動に関する知識や内在する運動感覚を活用して，新しく経験する運動のポイントを発見すること。
- 集団として，効果的な動きについて試行錯誤しながら，自分たちなりの解を導き出すこと。

我々は，この「試しながら解決を図ろうとする力」，「試行錯誤しながら解を求めようとする力」を「試行力」と定め，「試行力」を育むことで，創発の学びの充実を図ってきた。

　また，体育科の学びの特色として，思考した結果がすぐにフィードバックされる点が挙げられる。集団で創り出した新しい考えは，その場の動きで試すことで検証することが可能である。この検証を通して，考えの有効性が，学習者に反映されることになる。

　例えば，マット運動で見付けたポイントが，本当に有効なものかどうかは，その運動ポイントを意識して試してみることで検証することができる。この「試す」という行動は，体育科の学びでの創発を具現化するうえで，大切なポイントとなってくる。

　このような授業の具現化を考えながら創発の学びを実現する授業づくりを進めてきた。その中で明らかになってきたことが2点ある。

　1点目は，子供たちが主体となって学習する時間を設定することである。子供たちが，主体的に課題を解決するためには，そのための時間を保障する必要がある。これまでの授業以上に，子供に委ねる時間を設ける必要があることが明らかになった。

　2点目は，子供たちが運動しながら「試す」場や空間を保障することである。学習者が，様々な方法を試しながら新しい価値を創り出すために，その行為を保障する場や空間を設定することが重要である。また，失敗すること，うまくいかないことを受け入れる子供たちの雰囲気を創り出すことも重要な要件となってくる。

3　体育科における創発の学びの手立て

「創発の学び」を充実させる指導過程や学習形態，課題設定の工夫

(1)　指導過程や単元構成の工夫

①ジグソーメソッド（Jigsaw Method）

　同じ課題を持つ仲間と試行錯誤し，解決の方途を明らかにし，その内容を仲間に伝える。伝える児童はエキスパートとして仲間に伝える役割があるので，解決の方途を主体的に学ぶことができる。また，伝えるためには，適切な理解をしていることも大切になる。同じ運動課題を持つ子供が集まり解決策を考える際に，必然的な伝え合いの場面を生み出すことができる。

②M-T-Mメソッド（Match-Training-Match Method）

　ゲーム①を通して明らかになった課題を解決するために，自分たちでトレーニングメニューを構想し，練習する。ゲーム②では，練習の成果を発揮しながら課題解決を図る。トレーニングに対して教師の考えを押し付けるのではなく，自分たちの課題意識から練習を選択させることで，主体的な学びとなる。

(2)　伝え合いの質を高める教師の関わり

　子供が伝えたくなるような学びの構造化を図るだけでなく，子供の行為のよさを価値付けるフィードバックを与えることも大切である。場面に応じた適切なフィードバックを与えていく。

体育科　実践例❶

MTM メソッドを用い，自ら学びを創る
2年「はこんでシュート──シュートボール」（E ゲーム ア ボールゲーム）

◇目指す「創発の学び」の姿

> 投捕などのシュートボールに必要な基本的な技能を身に付けるとともに，基本的な戦術を理解し，多く得点しようと仲間とともに楽しみながら動くことができる姿。

◇本実践の内容

　今回のシュートボールは，攻防入り乱れ型のゲームである。ボールを持って走る・投げる・捕るという基本技能や，ボールを持っていないときの動きをゲームで身に付けさせていく。その中で子供達はゲームの中で起こりうる弊害に対して，その状況を打開するために，個人としてどんなプレーをすればよいか，また，チームでどのようにすれば協力してプレーすることになるかを考えていく。

◇育成を目指す資質・能力

知識及び技能	・ボールゲームの行い方を理解することができる。 ・ボールゲームにおいて，基本的なボール操作やボールを持たない動きができる。
思考力・判断力・表現力等	・ボールゲームにあった攻め方を知るとともに，簡単な作戦を立てている。 ・ボールを持っているときの動きやボールを持ってないときの動きについて友達に伝えている。
学びに向かう力・人間性等	・ゲームに進んで取り組もうとしている。 ・規則を守り，友達と励まし合って練習やゲームをしようとしたり，勝敗の結果を受け入れようとしたりしている。 ・友達と協力して，用具の準備や片付けをしようとしている。 ・ゲームを行う場や用具の使い方などの安全を確かめようとしている。

◇題材の計画（全8時間）

　第1時：オリエンテーション　試しのゲーム
　第2時：セットメニュー（準備運動）の徹底　ゲームのルールづくり
　第3時：ボールを持っているときの動き①〜目の前の相手をかわす〜
　第4時：ボールを持っているときの動き②〜パス〜
　第5時：ボールを持っているときの動き③〜まとめ〜（本時）

第6時：ボールを持たないときの動き

第7・8時：まとめのゲーム

◇本時の目標

- ボールを持っているときの状況に応じた動きを考えている。
- 相手をかわしたり，パス・シュートをしたりすることができる。

◇指導上の留意点

　本時は，ボールを持っているときの動きについて，これまでの学習で培ってきたことをもとに適切な動きを考え，実際に動くことを学ぶ。

　前半では，セットメニューにある「鬼遊び」「パスキャッチドリル」において，基本的な技能である正確に動くこと，さらに素早く動けるようにすることを練習していく。

　ゲーム①では，前時の学習まで学んできた，相手が近づいてきたらかわすこと，また，かわせなかったらパスをすることを中心に声をかけていく。

　ポイント確認タイムでは，ゲームをやってみてうまくいかないことを全体で共有する。そのときにボールを持っているときに行うべきこと，「かわす」「パスする」のどちらが有効かを考えさせる。また，どちらにしても「右か左」がキーワードとなることを確認する。その上でチームごとに具体的な場面を想定して，実際に動きながら練習させる。

　ゲーム②においては，引き続き「かわす」「パスする」の技能に「右か左」をポイントとして声をかけていく。また，ゲームをしていない子供たちにも兄弟チームを応援する際，一般的な応援だけでなく，より具体的な応援として「かわす」「パスする」「右か左」の声かけを奨励していく。それによって，共感的思考と共にゲームを観察する力を養っていく。

創発の学びを実現する…ここがポイント

○単元計画の工夫による創発の学びの実現。MTM メソッドでチームの課題を見付けて解決しよう

　ゲームから課題を把握し，練習メニューを選択させる。教師の適切なフィードバックが鍵となる。

○観察者のかけ声を応援から声援へ

　学んだ知識及び技能を，シンプルな自分らしい言葉で伝えさせる。生きて働く知識・技能を目指し，優れたかけ声には，教師が価値づける。

◇授業の実際（第5時）

ポイント1 単元計画の工夫による創発の学びの実現（ＭＴＭメソッドを組み込んだ単元構想）

M（Match）	T（Training）	M（Match）
ゲーム① ・試しのゲーム ・前時の復習	ポイント確認タイム ・チームごとによる課題解決	ゲーム② ・トレーニングによって生まれた動きの検証

　最初のマッチ（ゲーム①）で課題を抽出し，その後のトレーニングで課題の解決を図り，最後のマッチ（ゲーム②）で課題解決の検証を行い，さらに，課題を解決していこうとする学習過程である。単位時間の中で，最低2試合は経験できるように授業を構成している。

　ボール運動における攻防入り乱れてのゲームは，意図したプレーの再現性が低い。また，低学年では，みんながボールに集まってしまうことは周知の事実である。たくさん点を取って試合に勝つという前提とともに，学ぶべきポイントを絞ってゲームに向かわせる必要がある。そこで，トレーニング場面で主体的に課題に取り組み，試行錯誤し，様々な方法を試しながら解決を図るため，児童によるフリーズ法を取り入れた。フリーズ法とは，ゲームにおいて，課題が見られる場面で止め（フリーズ：凍らせる），動きを制限することでよりよい判断を促す方法である。これを味方同士で行い，自分たちで動いてみて解決策を探すこととした。

C：えいっ！　シュートだ！
C：待って。（フリーズ）やっぱり，（敵が）目の
　　前にいるからパスしたほうがいいよ！

> 状況を把握し，よりよい選択肢を広げようとしている。

C：ちがう所に行ったほうがパスもらえるよ。

> 仲間の問いかけに対して，視野を広げ，よりよいプレーを選択しようとしている。

C：○○ちゃんにパスがだめなら左にいる。

> 仲間のフリーズをきっかけに違う切り口を提案している。

C：○○ちゃんパス行くよ。

> はじめは気が付かなかった友達の動きを集団で考えることで，見ることができた。

※試行錯誤しながら練習に取り組んだ。

ポイント2 観察者のかけ声を応援から声援へ

　子供たちはゲームの勝敗にこだわる。そして，勝利に向かい，懸命に応援する。態度の面の育成から考えると，大切な行動かもしれない。応援のよさも残しつつ，ＭＴＭのＴで学んだ知識・技能を生きて働く力とするために，応援から指示へと子供のかけ声の質を変えていった。

　繰り返しになるが，トレーニングで練習内容の意義をしっかりと理解させること，意義を踏まえて動きができるようになることが第一歩である。

　そのうえで，ゲームでは指示ができるように促していく。

Ｃ：がんばれ。

Ｃ：シュート。

Ｃ：<u>もっと右に行って。</u>

> 　スペースへの移動に気付いた子供の一言。フィードバックして考えのよさを広めたかった。

Ｔ：<u>どうして「右に行って」といったの？</u>

> 　子供の言葉の意味を顕在化し，仲間と共有することで，全体の知となっていく。

Ｃ：だって右には敵がいないから攻めやすいと思いました。

Ｔ：練習したことを生かして話すことができたね。

（考察）

> 　体育科における「創発の学び」の充実のためには，学習者が主体的に課題に取り組み，試行錯誤し，様々な方法を試しながら解決を図る時間・場の設定が不可欠である。そこで，「試しながら解決を図ろうとする力」「試行錯誤しながら解を求めようとする力」を「試行力」と定め，その力を高めることがねらいとなる。特に，ボール運動のような再現性の低い領域では，自分たちの動きが可視化できるような手立てが必要である。そして，何より運動であるため，運動量を確保することが重要である。
>
> 　本実践では，ＭＴＭメソッドを用いて単元を構成した。マッチ（ゲーム①）を通して生まれた課題は必然性のある課題でもある。その課題解決に向けて，チームで試行錯誤しながらトレーニングに取り組む。このトレーニングでは，今持っている知識を活用しながら，仲間の考えを結び付け，深い学びを形成していく。課題意識とその手立てを子供が持っていることが創発の学びの充実に欠かせないことが明らかになった。
>
> 　課題として，低学年ということを考えれば，もっと実際のゲームに時間を費やすべきであった。ボールに触れ，ゲームを重ねていくことで技能の獲得を目指したい。基礎的な技能の定着が，ゲームパフォーマンスを向上させ，思考場面で多様な動きの創出につながると考える。

（松村　毅）

体育科　実践例❷

ジグソーメソッドを用いた，必然性のある伝え合いで表現力を育成する

４年「つきはなせ！　ネックスプリング」（C 器械運動 ア マット運動）

◇目指す「創発の学び」の姿

> 技ができるようになるために必要なポイントを見付けるための視点を持ち，それぞれの視点で見付けたポイントについて試行しながら語り合う姿。

◇実践の内容

　本実践では，ネックスプリングというはね動作を伴う新しい技との出会いを大切にし，思考場面を設定していく。その中で，技の習得のために必要な体の使い方について，これまでの学習経験から見付けさせていく。学習者自らが，課題を見付けそれを主体的に解決していく。そしてその課題についてエキスパートとしてそれぞれのグループに持ち帰り，交流を深める。創発の学びを生み出す学習スタイルとして取り入れる。

◇育成を目指す資質・能力

知識及び技能	・マット運動で技の行い方を理解することができる。 ・自己の能力に適した回転系の基本的な技をすることができる。
思考力・判断力・表現力等	・手を着く位置や着地する位置，目線が向く場所などに目印をして技のできばえを振り返り，課題を解決しやすい練習の場を選んでいる。 ・動きのできばえを友達に伝えている。
学びに向かう力・人間性等	・器械・器具の使い方や運動の行い方のきまりを守り，友達と励まし合って運動をしようとしている。 ・お互いの動きを見合ったり補助をし合ったりして，技がうまくできたときの動き方や気付いたことなどを伝え合う際に，友達の考えを認めている。

◇単元の計画（全 8 時間）

　第 1 時：オリエンテーション　首はね起きと出会う
　第 2 時：セットメニュー（準備運動）の徹底と基礎感覚づくり
　第 3 時：膝を伸ばした前転に挑戦しよう
　第 4 時：首はね起きに挑戦しよう
　第 5 時：首はね起きのコツを見付けよう
　第 6 時：コツを生かして首はね起きをしよう（本時）

第7時：前転からつなげて，首はね起きをしよう

第8時：まとめの会をしよう

◇本時の目標

首はね起きのポイントを友達に伝えている。

◇指導上の留意点

導入の段階では，セットメニューにおいて本時の課題につながるはね動作のポイントを意識できるよう声をかけていく。

本単元では，ジグソーメソッドを用い学習を構成した。ジグソーメソッドとは，学習内容を複数のジグソーに分割し，それぞれの内容に対しての解を求めたのち，それらを統合していく学習法である。ジグソー・パズルでピースを正しく整列させて図柄を完成させるように，断片的知識のピースを寄せ集めて，概念構成を完成させていくことになる。グループのメンバーが，互いに「自分しか知らない情報」を持っていることで，メンバー全員が協力して，初めて全体像が見えることになる。ジグソーメソッドは，「他者に説明することで，自分の考えをはっきりさせる」，「他者の考えをできるだけ正確に理解して，自分の知識を増やす」，「自分の考え方と人の考え方を比較して，それらを統合する」という点をねらいとしている。このジグソーメソッドを，体育科の学習過程の中に取り入れることで，汎用的スキルを高めながら，創発の学びを具現化できるのではないかと考えた。

グループに分かれてポイントを見付ける段階では，「体の状態」「足の動かし方」「手の使い方」「顔の向き」の4つ観点を明確にし，それぞれの担当グループで試行しながら思考させる。それぞれの観点のエキスパートになるよう，どこを見ればよいのか具体的に声をかけていく。

見付けたポイントを交流する段階では，それぞれの観点から持ち寄られたポイントを意識しながら運動させ，はね起きるためにはどのように体を動かせばよいか見付けさせる。この際，それぞれの観点のエキスパートがポイントを持ち寄ることで，首はね起きという技のポイントが全員分かるように話をさせる。

創発の学びを実現する…ここがポイント

○ジグソーメソッドでエキスパートになろう

仲間に伝える材料を集めるために，課題別のグループに分かれる。明確な目的意識を持たせ，担当に責任を持って取り組ませる。そして，話合いの視点を明らかにしながら，多様な方法で試行錯誤させる。

○エキスパートとして，責任を持って仲間に伝えよう

グループで明らかにしたことを仲間に伝えることで，2つの力を高める。1つは説明の力，もう一つは自分の理解力である。

◇授業の実際（第6時）

ポイント1 ジグソーメソッドでエキスパートになろう

試行しながら思考する場の保障をし，「どうやったらできるのかな？」と考えさせる。同じ観点で技を見て，よりよくできるためのポイントを見付ける。

T：前の時間に首はね起きの観点をまとめましたね。
　　どこに注目して技を見れば良かった？
C：目線です。
C：膝がどうなっているかです。
C：手の使い方です。
T：そうだね。振り返りからあとは体がどうなっているかも重要だったね。今日はこの4つの観点について，グループを分けます。それぞれのグループで技を分析しながらエキスパートになりましょう。それぞれエキスパートになったら，みんなで交流しましょう。

> 今までの学びを振り返り，ポイントを明確にするとともに，新しい視点を与え，本時の学びの方向付けをする。体育において，子供の困り感から課題を設定することも大切な課題設定の方法である

~同課題グループでの学び合い~
　顔の向き（目線）グループ
C：はねるときに後ろの方を見ればできるんじゃない？
C：いや，天井を見てるよ。
C：前を見てて，手で突き放すときは天井から後ろの方を見ているよ。
C：つまり，始めはしっかり頭を入れて，はねるときに上を見る。

> 仲間との話し合から，自分の考えを修正し課題解決に向けた新しい価値を創り出している。

~顔の向き（目線）グループ~
・うまくはね起きるためにはどこを見ればよいか，友達の試技を見ながら話し合う。
・試行しながら思考することで，技のポイントを発見することができる。

ポイント2 エキスパートとして，責任を持って仲間に伝えよう

　見付けたポイントを伝え合い，全員が首はね起きのエキスパートになる。

T：それぞれのグループで見付けたポイントを，友達に伝え合いましょう。友達はどんな
　　ポイントを見付けたかな？
C：腕はバンって強くはなせばいいよ。（手の使い方）
C：膝ははねるときに伸ばして，勢いよくふっているよ。（足の動かし方）
T：顔の向きはどうすればいいの？どこを見る？
C：最後は後ろを見る。それまでは上を見ているよ。（顔の向き）
C：もっとはねるときに反ってみて！天井見て！
C：ああ！惜しい。もっと足を速く振ればいいんじゃない？
C：もう１回やってみて。せーのっ！

> 　お互いに学んできたポイントを自分なりの言葉で伝えようとしている。試行錯誤し
> ながら学びを創ろうとしている。

> 〜ポイントの交流（ジグソーメソッド）〜
> 　それぞれのグループで見付けたポイントを
> 持ちより，技の完成を目指す姿が見られる。
> また，他のグループで見付けたポイントを知
> ることで，さらにどうすればよいかという声
> が自然に生まれた。

（考察）

　観点を明確にすることで，子供が試行しながら思考することができた。前半は子
供の声がけや視点が焦点化されていた。ポイントの交流後は子供たちの視点が総合
的になっていった。子供たちが自分たちで学び合い，首はね起きのポイントを基に，
お互いに伝え合った成果と考えられる。また，試行しながら思考したため，豊富な
運動量となった。友達が試技している間も常に見ているため，体育科における見方・
考え方も養うことができた。
　４年生のジグソーメソッドの有効性は検討の余地がある。技を完成させるためのコ
ミュニケーションはよかったが，技のできばえは求めるレベルには到達させられな
かった。ジグソーメソッドを用いて学習をするには技の難易度が高かったように感
じた。もう少しポイントが明確になる技を用いた学習であれば，子供の思考に深ま
りが出たのではないか。もっとできるようにさせるため，教師の「手当て」が必要
であった。児童がコツを見付けると言えども，教えるべきことはしっかり教え，確
実に技能を高めることが重要である。

（渡辺　清子）

道徳科における創発の学び

自己の生き方について創造的に考える子供

1　道徳科における創造性とは

　本校では，道徳教育の本質と道徳科の本質・特質を十分に踏まえ，学校教育目標（「未来を切り拓く人間の育成」）に向かって，次のような道徳科の学びを積み重ねている。

> 　豊かな視点で自己を見つめることから，自己課題を見い出して，人間としていかに生きていきたいのかという前向きな思いをいだくこと。そこから，希望を持って明日を生き抜こうとする原動力を，自己の中に培うこと。

　<u>道徳科における創造性とは，まさに自己の生き方の創造である。</u>「いかに生きていきたいのか」ということを創造的に考えることを大切にする学びは，まさに道徳科で育成する資質・能力である「道徳性の育成」に帰結する。

　したがって，これからの岩手の復興・日本の発展を担う子供たちが，希望を持って明日を生き抜こうとする原動力を持ち，よりよく生きるために，道徳科における創造性を大切にした学びを通して，かけがえのない子供たちの道徳性を養いたい。

2　道徳科における創発の学びとは

　道徳科における「創発の学び」とは，次のような学びである。

> 　特別の教科道徳（道徳科）において，<u>生きるうえで大切にしていきたいことについて仲間と共に話し合い</u>，そのことを通して<u>豊かな視点で自己を見つめ，人間としていかに生きていきたいのかという前向きな思いを持つ</u>ことができる学びである。

　つまり，子供たちにとって，それまで見えていなかった「人間としての生き方の原理・原則（生きるうえで大切にしていきたいこと）」を，集団としての発見的な学びを通して，見えるようにするということであり，さらに，集団としての発見的な学びを通して理解した，一人では考えられなかった豊かな視点を基に，今の自分の状態を見つめ，ポジティブにこれからの生き方を創造するということである。

　まさに，集団での発見的で創造的な学びを通して，一人ひとりに応じた生き方の「今の答え」を確かに持つということであり，一人ひとりの子供に意味のある答えと前進が生み出されるということである。

　これらのことが，道徳科の本質である「道徳的な判断力，心情，実践意欲と態度を育てること」の充実につながっていく。

3　道徳科における創発の学びの手立て

　道徳科における「創発の学び」では，子供たちは，**道徳科の本質に向かう論理において思考する。**

　したがって，道徳科の本質に向かう「道徳科の論理」の中で，仲間と共に，発見的で創造的な学びをする場面を意図的に位置づけた「創発の学び」を充実させるために，道徳科における「創発の学び」で発揮される汎用的スキルを明確にする。仲間と共に，発見的で創造的な学びをする場面において，次のように3つの汎用的スキルを発揮して，創発力を育成できるように意図的に指導していく。

【創造的思考】	【批判的思考】	【共感的思考】
考えと考えを擦り合わせ，磨き合いながら，集団としての新たな考えを<u>生み出していくときに発揮される。</u>	学びの内容や考えを，<u>受け入れようとするときに発揮</u>される。そのものの価値を再確認する。	共に学び合う仲間の考えを<u>理解しようとするときに発揮</u>される。互いの考えのよさを共有する。

　子供たちの話合いにおいては，目的に応じて，3つの汎用的スキルが表出し，かつ，大切にされる汎用的スキルは，変わってくる。例えば，子供たちの思考が「創造的思考」だけで行われるわけではなく，「創造的思考」「批判的思考」「共感的思考」の思考の混在で，新たなものが生み出される。したがって，創発場面での話合いは，ある一定の汎用的スキルのみで思考するのではなく，複数の思考が混在することによって新たな考えが生まれる。

問題解決的な「自己の生き方を創造する学び」を通して，道徳的判断力を育成する
2年「大切な友だち（友情，信頼）」

◇目指す「創発の学び」の姿

　道徳科における「創発の学び」は，何を育てたいのかという「育てたい道徳性の様相」を明らかにし，その様相に応じて，どのように育てるのかという「展開方法」を変えることによって充実する。展開方法を考えて，自己の生き方の創造ができる学びの実現を図った。

◇育成を目指す資質・能力

　本時の育てたい道徳性の様相は，道徳的判断力であり，問題解決的な「創発の学び」となるように展開していく。

◇本時の目標

　友達同士互いの考えを認め合いながら力を合わせることの大切さに気付き，友達のことを考え，仲よく助け合おうとする判断力を育てる。

◇指導上の留意点

　価値の追求・把握の段階（展開前段）では，どんな道徳的問題があったのかを発見し，「どんな気持ちが口げんかを起こしてしまったのか」について考え，道徳的問題を分析する。また，「けんちゃんが，まきちゃんのところに行こうと判断したのはなぜか」について考えることを通して，道徳的判断を決定づけたものは一体何かを明らかにし，道徳的価値について理解し，問題解決の手がかりを学ぶことができるようにする。

　道徳科における「創発の学び」は，グループでの話合いや学級全体での話合いなど，学級での人間関係を通じて学び合うことにこそ，目的的に，他者とともによりよく生きる自己の生き方の創造を生むことができると考える。また，複数の思考が混在することによっ

て新たな考えが生まれることから，創発場面での話し合わせ方を考えることによって，他者とともに生き方についての考えを創造することができると考える。

　したがって，思考を深める「発問」と，全員参加の「活動」を織り交ぜ，発揮される汎用的スキルが多様になるような話し合わせ方を構想し，学びを充実させていく。

本時では，3つの汎用的スキルが，次のような具体で発揮されることが予想される。

【創造的思考】	【批判的思考】	【共感的思考】
・○○さんと○○さんの考えを合わせると，〜 【統合】	・そうは言うけど 【実践の困難さとの対峙】	・ああ 【共感】
・新しい考えなんですけど，〜 【創造】	・本当にいいのかな？ 【批判】	・なるほど 【納得】
・詳しく言うとどういうこと？ 【詳細・具体の明確化】	・どうしてそう思ったのかな？ 【根拠の明確化】	・あるある 【同事象の想起】
・他にはないかな？ 【拡大・拡張】	・○○さんの考えとは違って，〜 【相違の明確化】	・確かに！ 【価値の受容】
・そういえば，〜 【体験の想起】	・大切なことは何だろう？ 【核心の明確化】	・そうだよね 【思いの一致】
・つまり，〜 【集約，簡潔】		・いい考えだね 【よさの共有】
		・分かるなあ 【理解】

　また，本時では，価値の主体化段階において，価値の追求・把握段階の話合いの視点を生かして，具体的な場面や思いなどの実感を伴った言葉の交流ができるようにする。資料を通した学びで発見した生き方の原理・原則に照らして自己を見つめ，日常生活における具体的な場面において大切なことを仲間と共に話し合えるように，子供の思いを掘り下げていく工夫をする。

創発の学びを実現する…ここがポイント

○対話的に学び，「代表議論」を聞き合い，積極的に発言し合う工夫をしよう
　道徳的問題解決のプロセスにおいて代表議論から多面的・多角的に考える。
　発揮される「汎用的スキル」が多様になるように話し合わせる。

○主体的に学び，自分事として話し合う「道徳的問題」の提示をしよう
　価値の追求・把握段階の学びを手がかりとして解決を図る。
　日常生活での具体的場面を想定して話し合う。

◇**授業の実際**

ポイント1 対話的に学び，「代表議論」を聞き合い，積極的に発言し合う工夫

　道徳科における「創発の学び」は，グループでの話合いや学級全体での話合いなど，学級での人間関係を通じて学び合うことにこそ，目的的に，他者とともによりよく生きる自己の生き方の創造を生むことができる。

　また，複数の思考が混在することによって新たな考えが生まれることから，創発場面での話し合わせ方を考えることによって，他者とともに生き方についての考えを創造することができる。

　したがって，発揮される「汎用的スキル」が多様になるような話し合わせ方を構想し，「代表議論」を聞き合い，積極的に話し合う工夫をして学びを充実させた。

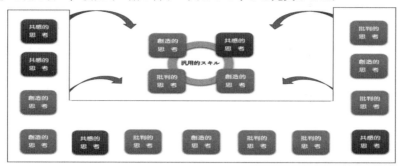

◇**授業記録【価値の主体化段階（創発場面）】（一部省略）**

T：（道徳的問題を提示した後）

　　みんなならどうするか，どんなことを大切にするかを考えてくださいね。

C：（グループでの話合い）

T：では，ここで話し合いましょう。（授業会場中央で，代表議論をする。）

C：みんなができるようにポスターをつくればいいんじゃないと言って，ポスターをつくったり賞状をつくったりします。

C：賞状もいいけど，ポスターも一緒につくれば，みんなもっとできるんじゃないと言います。

C：ぼくは，ダメかなとか，いいかなとか考えて，違う考えも創り出せたらよかったと思います。

C：ぼくの考えを言っていいですか。ぼくだったら，ポスターをつくるのもいいけど，ちゃんとできた人に賞状をあげますっていうポスターをつくって，賞状も一緒につくったらどうかなって，みんなに聞きます。

C：他に何かありますか。

C：君の考えだめだよって言ったのが悪かったと思います。だから，その考えとその考えを合わせようって言えばいいと思います。

T：そういう行動をしようと判断したもとの気持ちがあるよね。今からそれを書いてもらいたいと思います。

ポイント2 主体的に学び，自分事として話し合う「道徳的問題」の提示

　価値の主体化段階（展開後段）において，価値の追求・把握段階の話合いの問題解決の手がかりを生かして，日常生活での具体的な場面における大切なことを仲間と共に話し合えるように，下のような「道徳的問題」を提示した。

　クラスのための取組を考える係の会議を，グループでしています。「できた子に賞状をあげるのがいいんじゃない。」と言った子がいました。

　しかし，その子に「君のその考え，だめだよ。みんながができるようにポスターをつくればいいんじゃない。絶対にぼくの考えの方がいいよ。」と言った子がいました。

　考えが合いません。このままだとけんかになりそうです。

みんななら，どうしますか？

　さらに，「道徳的問題」の解決を通して，一人ひとりに応じた生き方の「今の答え」を確かに持たせていくために，下の視点で主体化段階の発問を構成した。

---

① 「友達と考えが合わなかったとき」という場面状況を提示し，考えられる心の弱さについて考えることができるようにする。

②自分はどうするかを判断させる。

③心の弱さを乗り越えるために，「どんな考えを大切にすればいいのか」という判断の根拠となる考え方をグループで話し合わせる。

④これまでの自分を見つめ「友達同士，お互いの考えが合わなかったとき，どんなことを大切にすればいいのか」を記述し，生き方についての「今の答え」を明らかにする。

⑤学級で共有し，認め合う。

（考察）

　価値の追求・把握段階の話合いと同構造の具体的な場面を提示したことによって，道徳的価値の理解を基に実感を伴った言葉の交流ができるようになり，主体的に学ぶ子どもたちの姿が見られた。

　また，授業会場中央で代表議論を取り入れたことによって，各グループでの話合いを生かして，答えが一つではない道徳的な課題について一生懸命考えることができた。

(川村 晃博)

関わりの中で会話を紡ごうとする子供

1　外国語科（外国語活動）における創造性とは

　外国語科（外国語活動）の本質は，英語を通してコミュニケーション能力の素地や基礎を養うことである。外国語科（外国語活動）でのコミュニケーション能力の素地や基礎は「話すこと」「聞くこと」が中心となる。

　「話すこと」とは自分の考えを誰かに伝えることである。そこには，伝えたい思いがあり，思いを分かりやすく相手に伝えようとする相手意識が存在する。そのためには，言葉（語彙・話法も含め）を用いなければ伝えることはできない。自分の思いが正しく伝わるように，適切な言葉を選択し，言葉を紡ぎながら考えを伝えていくことが大切である。

　「聞くこと」とは，相手の意図を受け入れながら内容を理解することである。自分の思いに偏った聞き方では，正しく理解することはできない。そのために，文脈から相手の意図を受け入れたり，内容から話し手の思いを理解したりしなければならない。表面的な言葉の会話だけではなく，相手の思いを受け入れた深い理解こそが，聞くことで大切なことである。

　「話すこと」「聞くこと」の連続で生み出されるものが会話である。一方通行の「話すこと」「聞くこと」ではなく，相手の思いも受け入れながら，自分の思いを伝え，それをお互いに繰り返そうとする連続性のある会話において，創造性が発揮されると考える。なぜなら，会話が瞬間に複数の要因を捉え，適切な内容になるようにと言葉を再構成しながら創り出す営みだからである。思いを汲み取りながら会話することにより，相手に伝えるための言葉を考え，選び，音声として表出する。聞き手は自分なりに相手の背景まで含め，考え，伝えるための言葉を生み出していく。この会話が連続していく状況には，台本も定型文もあるわけではない。その場にいる者同士が，協働的に生み出そうとする創造の集大成が会話であり，外国語科（外国語活動）においては『「話すこと」「聞くこと」の連続から生み出された一連の会話』が創造的な活動であると考える。

　課題に対して，既習事項を結び付けて考え，新しい価値を創り出そうとすることも創造性と捉えることができる。英語を用いて新しい価値を創り出そうとする場面は，既習表現やジェスチャーを駆使して会話を続けようとするときだと考える。

2　外国語科（外国語活動）における創発の学びとは

　外国語科（外国語活動）における創発とは，「外国語を用いる会話を通して，課題に対する自分たちなりの答えを創り出そうとしている学び。また，その紡がれた会話そのもの。」と考えた。

　会話は，「話すこと」「聞くこと」の連続で生み出される。瞬間的に複数の情報を整理し

ながら，適切な内容になるようにと自分の考えを形成したり，言葉を再構築したりしながら創り出す営みである。話し手は，相手に伝えるための言葉を考え，選び，音声として表出する。聞き手は相手の背景まで含めて考え，伝えるための言葉を創り出していく。この連続には，台本があるわけではない。その場にいる者同士が，協働的に言葉をつなげ会話を創り出す。その創り出された会話は今までにない新しい価値であり，創造力の集大成である。このような質の高いやり取りを「会話を紡ぐ」と捉えた。会話は1人で紡ぐことはできない。関わりの中でこそ成立するものである。そこで，①「児童と英語との関わり」，②「児童と児童との関わり」，③「児童とテーマ（課題）との関わり」，これらの関わりにおいて，「会話を紡ごうとする子供」を育成することとした。

　単語力などの語学としての英語の力と相槌やジェスチャー，身振り手振りなど言葉に頼らない伝達方法，これらを運用する能力まで含んだものを基礎力とした。これらを場面に沿って発揮できる子供を育成することで，会話を紡ごうとする子供を育成できると考える。また，会話を紡ごうとするためには，必要感や必然性を持たせることが大切である。これらがない学びは，受動的な学びとなってしまうであろう。そのために，学ぶための必要感や必然性を含んだストーリーを提示することにより，英語や仲間と意欲的に関わろうとしたり，主体的に会話を紡ごうとしたりする態度を喚起することができると考える。また，そのストーリーにおいて，単元や単位時間に，ずれや憧れなどを用いた適切な課題設定もなされることにより，学びの必然性や必要感も高まると考える。

3　外国語科（外国語活動）における創発の学びの手立て

(1)　「創発の学び」を充実させる単元構想の工夫

　　ストーリーとは「単元を貫くテーマとゴールの姿」である。ストーリーを用いると，児童がゴールを見据え，学習内容について必要感を持って学ぶことができる。また，教師もゴールが明確なため，身に付けさせたい力が明らかになり，それぞれの単位時間で行いたい内容やそのための方法も明確に指導することができる。

(2)　「創発の学び」を充実させるタスクの工夫

　　タスクとは自由度のある英語運用の中で対象（児童・教師・課題）同士の持っている情報のギャップを埋めようとすることにより，課題解決を目指す活動である。タスクのよさは，課題を解決するために，必然的に話さなければならない状況になっている所である。これは，学んだことを，自由度のある英語運用の中で発揮することや必然性のあるシチュエーションで発揮することなど実社会における英語でのコミュニケーション場面と同等の活動となり，オーセンティックな学びということができる。

外国語科　実践例

教科統合的な学びの中で，地域の課題を自分たちの目線で考え，提案する
6年「I like my town. 自分たちの街・地域」（『We can! 2』Unit 4）

◇目指す「創発の学び」の姿

> 盛岡のよさや課題について，自分たち目線で考えたアイディアを紹介する表現を考えたり，留学生の方に伝えたりするために，英語を用いながら会話を紡ぐ姿。

◇本実践の内容

　グローバル化が叫ばれる社会において，世界規模で起こっている課題に目を向けながら，地域のよさを知ったり，地域を愛したりすることは大切なことである。本実践は，地域を見つめ直すことで自分の地域を知り，愛することのできる教材である。課題解決を目指して，言葉を紡ぎ合わせ，コミュニケーションを図りながら，仲間と共に新しい価値を創り出すことができる。

　ゴールを「盛岡マップをつくり，留学生の方に提案しよう」とした。実際に，留学生の方と盛岡の街を歩きながら，英語で盛岡の歴史や文化などを伝える。教科統合型（CLIL）を用いながら，総合的な学習の時間や社会科とのカリキュラムマネジメントで行った。

◇育成を目指す資質・能力

知識及び技能	・地域にどのような施設があるのか，また欲しいのか，さらに地域のよさなどを聞いたり言ったりすることができる。
思考力・判断力・表現力等	・地域のよさなどについて自分の考えや気持ちを伝え合うことができる。
学びに向かう力・人間性等	・地域のよさなどについて，伝え合おうとしている。

◇単元の計画と単元のストーリー

　第1時：活動の見通しを持つ。
　第2時：様々な地域の説明を聞き，理解する。施設の表現の仕方を知る。
　第3時：盛岡のよさを見付け，英語で表現する。
　第4時：盛岡に必要な施設を考え，英語で伝える。
　第5時：バスセンターに建てたい施設を考え，英語で伝える。
　第6時：今ある施設を見つめ直す。
　第7時：盛岡の未来の街について自分の考えを提案する。
　第8時：留学生の方に紹介をする。

◇**本時の目標**

　盛岡バスセンターの現状から，地域の人の願いも考えながら，跡地に必要な建物について，「You can enjoy ～ ing」を用いて伝え合うことができる。

◇**指導上の留意点**

　本単元のゴールを「盛岡マップをつくり，留学生の方に提案しよう」とした。これは，目的・場面・状況において現実的な活動になることが想定される。単元を通して，自分たちの街を見つめ直したり，よりよい街になるために必要なものやことなどについて考え合わせたりしていきたい。本時は，単元のゴールに向けて盛岡の課題でもあるバスセンター跡地の利用について創造する。本時の指導について2点留意したい。

　1点目は，ウォームアップである。ウォームアップは，毎時間，既習事項や本時に関わる言い方を復習している。繰り返し発音したり，読んだりするなど，多様な活動を取り入れて，定着を図りたい。

　2点目は学んだことを基に英語で表現する場面である。お互いの思いを伝え合うことで定型表現を用いて表現したり，自由度のある表現で会話を紡いだりさせたい。この場合，英語運用は子供に委ねられているため，「必要感のある場面においての主体的な学び」や，「仲間と解決する場面においての対話的な課題解決」など，児童は思考力・表現力・判断力を駆使しながら学びを深めていくと考える。前時に学習した，盛岡にほしい施設を基に，「バスセンター跡地に立てたい施設」について考えさせたい。正解はないが，自分なりに英語で理由を伝えたり，友達の考えに質問したりしながら，自分たちの夢の盛岡が形成されるような話合いにしていきたい。会話が紡げるように，伝えられた内容に関して一文質問をすることで，継続的な会話になるようにしていきたい。

創発の学びを実現する…ここがポイント

〇**会話を紡ぐ基礎力を高めよう**

　短時間学習や帯単元の活用を利用して，ワードやセンテンスを身体にしみこませる。子供が繰り返し発話したくなるような工夫をする。

〇**解決しなければならない必然性と，少し頑張ればできそうなタスクを設定し，会話を紡がせよう**

　現実の会話に近い目的・場面・状況を設定することで，英会話をする必然性が高まる。その中で学んだ表現を生かしながら，会話しようとさせる。

◇授業の実際

ポイント1 会話を紡ぐ基礎力を高める

○ウォーミングアップ

- デジタルコンテンツを用いながら前時までの発音の復習を行う。カードを用いて，神経衰弱を行う。

- サイモンセズゲーム
「Simon says」と言った場合だけ，その行動を行う。（本時で扱う can や動詞を取り入れながら。）

- デジタル絵本の読み聞かせ
自作のデジタル絵本を用い，本時用いる構文について慣れ親しませる。

ポイント2 必然性のあるタスクの設定

- 画像資料を用いながら，課題を設定する。

> 　画像資料から跡地利用が決定していない盛岡バスセンターについて課題を設定する。バスセンターの歴史や地理的要因，市民の思いなどから跡地利用について考えさせる。

T：これはバスセンターです。今はどうなっていますか。

C：建物はありません。

C：空き地です。

C：たまにイベントをやっています。

T：（右の写真を見せて）今はこのようになっています。

C：行ったことがある。

C：今は何も建っていないんだね。

C：またバスセンターが建つのかな？

〈仮称〉新盛岡バスセンター整備事業について

昭和35年に開業した盛岡バスセンターは，株式会社盛岡バスセンターの運営により，バスターミナル機能のほか，飲食店等のテナントによる賑わい機能を有する施設として，長い間，市民から親しまれてきましたが，運営会社の事情により，平成28年9月30日をもって営業を終了しました。

T：盛岡市から，このような文章が出されています。盛岡バスセンターは，長い間たくさんの方に愛されていたのですね。実は，その場所に新しくバスセンターを整備する事業が進められています。
「盛岡バスセンターには今まで以上のにぎわいや，地域を楽しくすることを期待します。」

T：市長は，にぎわいや地域を楽しくすることを期待しているそうです。皆さんならバスセンターの跡地に何が欲しいですか。What do you want?

> - 創発の姿：カードを当てるために，会話を紡ごうとする姿。（3〜5ターン程度）
> - 創発の手立て：モデリングや問い返しなどを通して，伝えたいことや用いたい英語を紡げるように提示する。

◇バスセンターの利用ついて自分の考えを紹介しよう

A：What do you want?

B：I want a bookstore.

A：What can you do?

B：I can enjoy shopping.

A：**Do you like shopping?**

> 友だちの「買い物をすること
> ができる。」という言葉を聞き，
> 「買い物好きなの？」と切り返し，
> 会話をつないでいる。

B：Yes.

A：Me too.

C：Do you like comics?

A：Yes, I like comics too.

C：What?What? なんだっけ。

B：What color do you like?
　　みたいに言うのじゃない？

C：What comics do you like?

B：宇宙の survival

(考察)

　本実践では，児童も通学路等でよく目にするバスセンターを扱った。地理的要因や市民の願いなどを基にしながら，「You can enjoy 〜 ing」の構文を用いて，思いを伝えることができた。身近であるからこそ，イメージを共有したり，意図が伝わりやすかったりした。また，自分の考えが盛岡市に採用されるかもしれないというオーセンティックさも子供たちの意欲を引き出したと考えられる。

　その意欲をエネルギーに，相手に伝える場面では施設を選んだ理由やよさなどを積極的に尋ねたり，答えたりすることができた。分からない表現も，友達と考え合うことで発見したり，言い方を考えたりすることができた。答えのない場面で，仲間と考え合わせながら表現することは外国語科（外国語活動）で考える創発の学びの姿である。

（菅原　純也）

探究的な見方・考え方を働かせて
物事の本質を見極めようとする子供

1　わかたけタイムにおける創造性とは

　実社会における課題は，「答えが多様で正答の定まらない問い」といった性質のものが多い。それらの課題に対して，多様な視点から積極的に探究する資質・能力や態度が必要である。物事の課題を自ら見付け，解決するために自ら学び，主体的に考えたり判断したりする中で，自分が納得できる見方や考え方，解決の方途などを自分自身で生み出す力が求められている。

　日常生活や実社会には，解決すべき問題が多方面に広がっており，様々な問題が互いに絡み合っている。このような社会を生きていくためには，紙の上での知識だけでは不十分である。各教科領域で学んだことを横断的に生かす学習を行うことで，実践的に生きていくための力を身に付けられると考える。単元の学習の中で，「学校で勉強していることがどう役に立つのか」「課題を解決するためにはどんな力が必要なのか」を児童が実感できるようにすることで，各教科領域での学びを生かしたり，各教科領域を学ぶ意欲を高めたりすることができ，これは総合的な学習の時間だからこそできる特質であると考える。

　総合的な学習の時間の学習活動全体で，創造性は発揮されるはずである。なぜなら，体験や経験を基にしながら自ら課題を設定し，自ら追究方法を考え表現する，というように，自らで創り上げていく学習活動自体が総合的な学習の時間の本質となっているからである。例えば，「問う場面」では，子供たち自らが課題を見付けるところに創造性が発揮される。「追究する場面」では，自分の課題に沿ってよりよく問題を解決する方法を考えたり，よりよい価値を創り上げたりすることに創造性は発揮される。「表現する場面」では，自分の出した結論をより効果的に表現することを考える際に発揮されるし，「見つめる場面」では，自己の生き方を見つめ直しこれからの生き方について考えることに創造性が発揮される。

　さらに，集めた情報や友達の考えをそのまま受け入れるだけでなく，批判的に考えながら情報を精査したり物事を多角的に考えたりすることで，より自分自身の考えを豊かにすることができる。自分で考えた解が自分自身で納得しているものであるほど，自分では客観的には考えにくいものである。他者と協働して取り組む学習活動を積極的に行うことによって，より創造性を育み，発揮させることができるのは総合的な学習の時間の本質に関わることでもある。

2　わかたけタイムにおける創発の学びとは

　創発は「集団で新しい価値を生み出す営み」である。ここでいう新しい価値を，本研究部では「問題に対するよりよい決定とその価値付け」と捉えた。例えば，ある問題につい

て他者と話し合っている中で，当初自分が捉えていた考えのよさや課題の他に，別のよさや課題があることに気付くことがある。他者が提案した意見がその通りであると感じることや，他者の意見自体には納得できなくても，意見を交流する中で，自分自身で別の捉え方に気付く場合もある。新しい価値を生み出そうとする営みの結果，問題に対する解自体は変わらなくても，その解に至るまでに試行錯誤した過程やそこに込められた思いは当初とは変容している。これらを「新しい価値」と捉え，ペアや小グループ，学級全体などの様々な集団での関わりの中で新しい価値を生み出そうと考えている状態が，総合的な学習の時間における創発の学びである。そのためには，子供たちが目的意識をもって考えることが欠かせない。また，総合的な学習の時間の特質である探究的な学習活動を展開する中で，「ひと・もの・こと」に主体的に関わっていくことや，相手の考えを受け止めようとする聞き手としての在り方，批判的に物事を考えることなども，総合的な学習の時間における創発には必要である。

　探究的な学習の過程を質的に高めるためには，学びにリアリティを持たせることが重要である。子供たちが追究を進めるための原動力を形成し，主体的に探究的な学習を進めるためには，探究の対象となる事象が自分事として捉えられなければならない。そのために，子供たちが自ら追究したいという高い欲求を持つような事象と出会わせたり，真剣に考えなければならないという切実感を持つような事象と出会わせたりすることが考えられる。子供たちが持っている知識や常識にはなかった事案や出来事との出会いや，見えているようで見えていなかった事象との出会いから，もっと知りたいという欲求を高めること，現代社会，地域社会における課題に対して，「何とかしたい」という強い思いや願いを持ったりすることが必要となる。このような探究課題に対し，自分達が考えたことがニーズに合っているかと目的意識や相手意識を持って問い直したり，実現可能かという視点で問い直したりすることで，学びにリアリティを持たせることができると考える。

3　わかたけタイムにおける創発の学びの手立て

(1)　実社会との関わりの中で，リアリティを持った探究課題の設定と単元構想

　　子供たちが生活する地域に根差したオーセンティックな課題を設定し，問題意識や目的意識，相手意識が持続するような単元構想をすること。

(2)　相手意識や目的意識を持って問い直す思考場面の設定

　　追究する段階や表現する段階において，集団で練り合う場面を設定すること。その際，自分だけの考えにならないよう，相手や目的を意識しながら思考するように促す。

地域の魅力をデザイン化する

5年「附小　和菓子プロジェクト」

◇目指す「創発の学び」の姿

対象への連続した問い（多面的・複眼的）を持ったり，相手の考えを受け入れたりしながら，批判的に思考し，よりよい商品開発に向けて，仲間と協働的にプロジェクトを進める姿。

◇本実践の内容

盛岡には，四季それぞれにたくさんの特徴がある。また，自然や歴史，環境を生かした多くの盛岡ブランド（特産品）がたくさんある。それらを結び付けて考えると，盛岡の特徴ある提案ができるのではないかと考えた。それが盛岡和菓子である。和菓子には，生菓子のような色とりどりの季節に合ったものがあり，日本人の心に響く食べ物であるといっても過言ではない。子供たちにとってあまりなじみのないものではあるが，実は古代から餅や団子をつくって食べていたという，歴史深い食べ物でもある。そういった教育的価値の高い和菓子を通して，社会で生きる力を身に付けさせたいと考える。

◇育成を目指す資質・能力

問う力	・対象にあこがれを持ち，課題を設定することができる。 ・追究活動において，対象に対して「本当に」という視点で，問い直すことができる。
追究する力	・目的を達成するために必要な情報を収集し，整理・分析することができる。 ・複数の情報に当たりながら調べることができる。
表現する力	・情報を整理分析し，自分（自分たち）企画を相手に伝えるためのプレゼンの方法について知り，表現することができる。
見つめる力	・自分たちが行っている活動について，自分の生き方のどこで生かすことができるのかを常に問い直すことで，生き方を見つめることができる。

◇単元の計画（全15時間）

第1時：和菓子について知る。

第2時：和菓子の商品化について（材料・コスト・ニーズについて）考える。

第3時：企画書を作成（学級）しプレゼンテーションをする。

第4時：学級プレゼンテーションをする。

第5時：企画会議をする。（材料・想像図・キャッチコピー・パッケージグループ）
第6時：職人さんの前でプレゼンをする。
第7時：振り返りをする。

◇**本時の目標**

・郷土の食文化に関心を持ち，守ったり広めたりする態度を高めることができる。
・追究過程において，対象に対し「本当にこれでよいのか」ということをキーワードに，よりよい商品に向けて批判的に思考することができる。また，自分の考えに拘泥することなく，「開かれた個」として，相手の考えも受け入れながら，自分たちなりの解を創り出すことができる。
・他者意識を持ちながら，プレゼンテーションをすることができる。

◇**単元の指導上の留意点**

　盛岡ブランドで学んだ盛岡のよさを生かしながらプロジェクト学習的手法で進めていく。

　盛岡ブランドの振り返りやゲストティーチャーからのお話を聞き，自分たちでもやってみたいという憧れの気持ちから課題を設定し，単元を進める原動力とする。

　追究活動では，それぞれの段階で行うプレゼンテーションに向かって必要な情報を今までの学びを生かしながら，取り組ませる。商品を決めるということは，複数ある情報を精査しなければシャープな提案はできない。そのために，必然的に整理分析の活動が必要となってくる。この場面は，まさに集団で新しい価値を創り出そうとする創発の学びの核となる場面である。

　発表では，個人→小集団→学級という3回のプレゼンテーションの場で，採用を勝ち取るために何をどのようにすれば採用されるのか相手意識を持たせながら取り組ませたい。

　どの活動場面においても，社会で必要となってくる力を学ぶ単元である。今の学びが，どこに生きてくるのかを常に問い直しながら生き方を見つめさせたい。「本当に？」「どうして？」などといった言葉をキーワードとして考えさせたい。

創発の学びを実現する…ここがポイント

○**主体的に探究したくなる創発課題を設定しよう**

　子供と対象との間の意識のずれを浮き彫りにしたり，対象へのあこがれを持たせるような出会いをさせたりすることで，課題を設定する。

○**他者を意識した発表に向けた活動を充実させよう**

　子供が自由に想像できる環境を設定し，多様な考えを認める土台づくりと，教師の適切なフィードバックで，ダイナミックな活動に落とし込んでいく。

◇授業の実際

ポイント1 主体的に探究したくなる創発課題の設定

T：よく見てごらん。何が見えますか。

C：人です。昔の人です。

C：手に何か持っています。

C：字で何か書いてあります。

T：これは最古のお菓子の絵だといわれています。

T：菓子という字は果実と種子からとったといわれ
ています。最古のお菓子は果実だったのです。
盛岡にはどのようなお菓子がありますか。

C：南部せんべいです。

C：盛岡駄菓子です。

C：お茶もちです。

T：どんな種類ですか。

C：和菓子です。

T：盛岡のお菓子の消費量を見てみましょう。

（都市別の菓子消費量の表を提示）

C：和菓子を食べていません。

C：洋菓子の方が多いです。

C：予想と違いました。

T：調べてみたいことは何ですか。

田道間守の図

　子供の思考に沿った課題設定であった。みちのくの小京都といわれる本市であるため，
和菓子のイメージは強く，また名物にもそういったものが多い。しかし，実際には，洋菓
子の方が消費量が多く，子供の意識とずれが生まれる。

　創発の学びにおいて，子供たちが学びたくなるような課題設定は重要である。子供が主
体的に学ぶためには，子供自身の課題意識が高まるように展開することが重要である。こ
の後，金沢市の和菓子開発での町おこしを紹介し，「オリジナル和菓子を創ろう」という
課題に収束していった。

ポイント2 他者を意識した発表に向けた活動の充実

□和菓子プランづくり

　和菓子職人さんの指導の下，「豆銀糖」というお菓子を基にしてオリジナル和菓子を作
成することとした。実際に豆銀糖を自分たちでつくり，試食した後イメージをふくらませ
ていくこととした。

［子供の話合いの様子］

C：豆銀糖のよさは，きなこたっぷりで日持ちするところだよね。

C：問題は，甘味が強くてぱさぱさするよね。

C：それを改善するには，どうすればいいだろう。

C：さっぱりさせて見た目もすずしげにする。

C：調べたんだけど寒天というのがあるらしいよ。
　甘味も抑えられ，見た目も涼しげになるらしいよ。

C：それいいね。

C：どんな名前がいいかな。アイディアを出してみよう。

ピラミッドチャート図

〔別の班〕

C：プレゼンするときに何かあった方がいいかな。

C：言葉だけだと伝わりづらいよね。

C：紙に絵を描こうか。

C：他の班もやってるし，実際につくることはできないから。

C：何かないかな。（周りを見渡す）
　図工で使っている紙粘土がある。これでつくってみたら。

C：先生，実物みたいに粘土でつくっていいですか。

T：どうして粘土でつくるの。

C：本物のように見えるからです。

C：質感が伝わりやすいからです。

T：つくってみてごらん。

児童が粘土で作成した
完成イメージ

> どちらの班も自分たちの持っている知識を組み合わせて形づくろうとしている。ときに立ち止まりながら，「他には」という批判的思考を用いながら，自分たちなりの新しい価値を創り出そうとしている。

　この後，職人さんに提案した。実際には，選ばれなかったが，子供たちの案をもとに逆に提案してくださった。それが「わかたけ最中」である（右図）。これをもとに，子供たちは，実際に販売活動を行った。

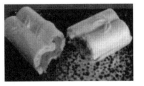

（考察）

　自分達もつくってみたいというあこがれから意欲を持たせ，意識のずれから課題を設定することができた。また，商品開発というオーセンティックな課題や，複数のプレゼンテーションを設定することにより，問題意識が十分に醸成され持続することができた。そのため，創発の場面では，3つの汎用的思考スキルが働き，新しい価値（商品）を創り上げることができた。

（菅原　純也）

主体的に情報を活用しながら学ぶ子供

1　情報教育における創造性とは

　情報教育において育成を目指す資質・能力として情報活用能力が挙げられている。この情報活用能力は世の中の様々な事象を情報とその結び付きとして捉え，情報及び情報技術を適切かつ効果的に活用して，問題を発見・解決したり自分の考えを形成したりしていくために必要な資質・能力である。

　具体的には，「情報手段の基本的な操作の習得」や，「プログラミング的思考」，「情報モラル」，「情報セキュリティ」，「統計」などに関する資質・能力等である。この情報活用能力は，「言語能力」「問題発見・解決能力」と同列に学習の基盤となる資質・能力と示されており，確実に活用できるものとして身に付けていくためには，各教科等の特質に応じて発揮される学習場面が必要であるとされている。

　さらに，近年の情報技術の進展によりこれからの社会の在り方を踏まえると「プログラミング教育」による資質・能力の育成の必然性が強まっている。

　プログラミング教育とは，コンピュータに意図した処理を行うように指示することができるということを体験させながら将来どのような職業に就くとしても時代を超えて普遍的に求められる力としての「プログラミング的思考」を育成するものである。

　この，プログラミング的思考とは，自分が意図する一連の活動を実現するために，どのような動きの組み合わせが必要であり，一つ一つの動きに対応した記号をどのように組み合わせたらいいのか，記号の組み合わせをどのように改善していけばより意図した活動に近づくのか，といったことを論理的に考えていく力である。

　我々は，この「プログラミング的思考」は情報教育における創造性と合致するのではないかと考えた。これからの社会において，プログラミング的思考は，新しい価値を創出するための素地になるからである。プログラミング的思考を育成する目的は，実際にプログラミングを作成することではない。試行錯誤を繰り返しながら，より効率的で効果的な考えを組み立てていくときに，創造性が発揮される。社会の中でプログラミング的思考を用いながら，論理的に課題解決の方法や物事の仕組みを考え，それを実行していくことは，新しい価値を創出することに他ならないと考える。

2　情報教育における創発の学びとは

　情報教育において，プログラミング体験を位置付け，プログラミング的思考を育成することは，本校の考える汎用的スキルの育成とつながると考える。

　プログラミング体験を通して試行錯誤する場面では，「本当に，この方法でいいのかな？」という批判的思考，「他にいい方法はないのかな？」という創造的思考，また，「この方法

はいいね。やってみよう。」という共感的思考が発揮される。そして，再構築を繰り返しながら，自分の意図した動きに合ったプログラムを作成していく。このような学習を積み重ねていくことが創発の学びの充実になると考えた。

　そこで，本研究部では，プログラミング的思考にスポットを当てて研究を進めることとした。「EV3」や「scratch」などの教材を用い，その教材の持つ特性を生かしながらプログラミング体験を設定した。その際，その教材を成し遂げること自体が目的にならないように留意した。プログラムを作成するプロセスにおいて，プログラミング的思考を発揮し，課題を解決する。その営みこそが，創発の学びであると考えた。

3　情報教育における創発の学びの手立て

(1)　プログラミングを体験する中で創発の学びを充実させる子供たちに目的意識を持たせた単元構想

　単元前半にプログラミングに関する必要最低限な知識・技能を習得させる時間を設定し明示的に指導する。その後，単元中盤からは自由度を高め，習得した知識・技能を活用する場面とし，目的に向かって試行錯誤しながらプログラムを作成していくようにする。単元終盤では，日常生活とプログラミングの関連を考える場面を設定し，プログラミング的思考の汎用性に気付かせていく。

(2)　アクティビティ・ボードを活用し，児童の思考を見える化する創発の学びの充実に向けた評価方法の工夫

　アクティビティ・ボードに，必要なプログラムと動きを記入させ，修正していく過程を見える化する。教師は，ボードに表された思考の過程を見ながら子供たちの話合いの様子を即時評価し，目的に向かうようにフィードバックしていく。

目的に応じて社会や生活に役立つプログラミングを生み出す

6年「レッツ！プログラミング part2──発進！ぼくらのお助けロボット」

◇目指す「創発の学び」の姿

> 身近な生活にプログラムが活用されていることをふまえ，目的に応じて社会や生活に役立つプログラミングを創造することを通して，よりよい社会づくりのためにプログラミングを生かそうとする姿。

◇本実践の内容

　本実践では，単元を通してオリジナルお助けロボットの開発を進める学習活動に取り組む。ＥＶ３をお助けロボットに見立て，利用者のニーズに即時的に対応させるために必要なプログラムを選択したり組み合わせたりすることを通して，より適切なプログラムを考えていく。

　目的に応じて必要なプログラムを見出したり，複数のプログラムを組み合わせたりしながら問題を解決することを通して，身近な生活や社会に役立つプログラムがあることを理解したり，プログラミング的思考を体験したりすることにより，よりよい社会づくりのためにプログラムを生かそうとする態度を涵養することとする。

◇本単元で働かせるプログラミング的思考と育成を目指す資質・能力

(1)　プログラミング的思考

　直感的にプログラムを選択したり，実際にロボットを動かして試行錯誤をしたりすることを通して，より目的に適したプログラムをつくり出すこと。

(2)　育成を目指す資質・能力

知識及び技能	• 生活や社会を豊かにするために，必要なプログラムを選択することができる。 • 様々なセンサーの役割をふまえ，目的に応じてセンサーなどを使ったプログラミングが適切にできる。
思考力・判断力・表現力等	• 目的に応じた活動を実現するため，複数のプログラムの最適な組合せを考えて手順をつくり出したり，他者に伝えたりする。 • 目的に沿ってプログラムを評価し，手順に問題がある場合はその原因を考え，分析・判断を行い，改善策を分かりやすく表現して他者に伝える。
学びに向かう力・人間性等	• 課題を達成するために計画的にやり遂げようとする。 • 自分や他者の意見やアイディアを尊重し，教え合い学び合いながら協働的に活動に取り組む。 • 課題を自ら設定し，その目的や使う人を意識したプログラムをつくり出している。

◇単元の計画（全7時間）

第1時：自分たちが考えたプログラムロボットについて想起し，単元の学習を見通す。

第2時：指定された目的地を複数経由しながら自宅まで戻るプログラムを実行する。

第3時：道なりに目的地まで進んで自宅まで戻るプログラムを実行する。

第4時：利用者が必要とする物を購入して自宅まで戻るプログラムを実行する。

第5時：利用者のニーズを想定しながら，必要なプログラムを考える。

第6時：利用者のニーズに応じて，必要なプログラムを組み合わせ，実行する。（本時）

第7時：単元の学習を振り返り，社会や生活を豊かにするためにどんなプログラムが考えられるか意見を交流する。

◇本時の目標

目的に応じて，必要なプログラムを組み合わせたり，修正・改善したりする。

◇指導上の留意点

単元の導入では，子供たちの構想したロボットを想起させながら，どのようなプログラムが社会や生活を豊かにしていくのかを考えさせた上で，単元を通して「オリジナルお助けロボット」の開発を進めていく課題を設定する。

本時の導入では，「かえで組お助けロボットで，お客さんの要望に応えるミッションを成功させよう。」という学習課題を設定し，学習活動を進めていく。お助けロボットを利用者のニーズに即時的に対応することを通して，必要なプログラムを選択したり組み合わせたりする学習に取り組ませる。その学習活動の中で，より適切なプログラムは何かを考えていく過程を通して，「本当にこのプログラムでいいの」という批判的思考や，「そのプログラムでやってみよう」という共感的思考，「もっと簡単なプログラムはないかな」という創造的思考を働かせ，プログラミング的思考が高まるように指導していく。

まとめの段階では，本時の学習活動を振り返り学習感想を書いたり交流したりすることを通して，プログラミング学習の有用性を実感させるようにしていく。

創発の学びを実現する…ここがポイント

〇子供のつまずきをいかし，トライ＆エラーを繰り返す場面を設定しよう

活動の見通しを持ち，試行錯誤（トライ＆エラー）を繰り返すことができる場面を設定することで，エラーを改善しようと主体的で探究的な学びになっていく。

〇子供が交流したくなるような場面の設定をしよう

作成したプログラムを交流し，修正・改善する場面を設定することで，自分たちのプログラムの質を高めたり，他者の発表から学ぶ機会になったりする。

◇授業の実際（第6時）

ポイント1 子供のつまずきをいかし，トライ＆エラーを繰り返す場面の設定

T：今日は，自動運転のタクシーをプログラミングします。（下のコース図の提示）

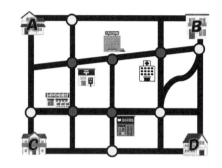

まさに自動運転のタクシーを拾おうとしている人がいます。カードを引いて，スタート・行先・ゴール地点を決定します。アクティビティ・ボードに必要なプログラムや動きを考えて，書き込みます。グループで考えたものをもとに，ipadでプログラムをつくり，EV3に送信します。実際に，EV3が予想通りの動きをするのか，確かめます。もしも，

思うとおりに動かないときには，またアクティビティ・ボードとipadに戻って修正や改善をしていきましょう。

今日のミッションではどんなプログラムが使えそうですか。

C：カラーセンサーです。

C：直進だと思います。

C：右左折です。

C：線を沿うプログラムです。

> コース図を見ながら，本時のプログラミングに必要なプログラムを見通させる。

T：みんなの想定したブロックを使って，プログラミングを進めていきましょう。もしも，1つのカードのミッションが成功した場合は，2つ3つとカードを引いて，ミッションを成功させていきましょう。

（各グループでプログラミングを進める）

C：このプラグラムでいけるかやってみよう。

（プログラムの送信）

C：ぴったりじゃない。

C：直線距離の数値は0.5にして，
　　左折のプログラムも設定してみよう。

（プログラムの送信）

> プログラムを入力したり，実際にEV3にプログラムを送信して走らせたりしながら，トライ＆エラーを繰り返させる。

C：結構思い通りに進んだね。これでゴールに近付きそうだね。

C：（プログラムを入力しながら）これだと，うまくゴールしないんじゃない。

C：じゃあ，通る道を変えてプログラムを考えてみよう。

T：プログラムをつくってみて，うまくいかないところはありましたか。

C：カラーセンサーを使おうと思ったけれど，思うように反応しませんでした。

T：カラーセンサーを使おうと思ってプログラムを試したグループはどのくらいありますか。

T：では，他のグループがどのようにプログラムを考えて，どのようにEV3を動かせているかを見てきましょう。それから自分のグループのプログラムを修正したり改善したりしましょう。

（グループ毎に他のプログラムを見学）

C：あともう少しでゴールしそうなんだけどな。

C：カラーセンサーを使ってみようか。

（カラーセンサーのプログラムを設定）

C：カラーセンサーを使いたい場所がずれるとうまくいかないんだよな。

（プログラムブロックの数値を微調整）

C：ゴールにはたどり着くけど，なんか違うんだよな。

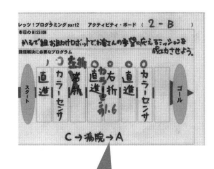

子供たちが修正していたアクティビティ・ボードも提示しながら，修正や改善の方法を見通させた。

実際に1グループのプログラムを提示した上で，EV3の動きを見て，確認することができた。

（考察）

　実際の社会における問題解決場面を設定することにより，子供たちは協働的にニーズに応じたプログラムをつくり出そうとする姿が見られた。子供たちは，アクテビティ・ボードとタブレット端末を往来しながら，トライ＆エラーを繰り返すことにより，よりよいプログラムを考えることができた。順次・反復・分岐という既習はあったものの，学習者の習熟度によりグループでの解決方法に差が見られた。

（伊東　晃）

特別活動における創発の学び

話合い活動の中で
よりよい人間関係を育てる子供

1　特別活動における創造性とは

　特別活動における「創造性」とは，子供たちが楽しく豊かな学級や学校の生活をつくり出すために，直面した諸問題や課題について，解決方法や改善方法を見出し，実践していくことであると考える。それは，新奇で独自な発想を指すものではない。子供たちがそれまでの経験や体験，各教科の学びにおいて身に付けた知識や問題解決の能力，社会的スキルを駆使し，集団としてのよりよい解を見出していく過程である。共通の課題に向かって，個々の経験や体験，知識に基づいた考えを合わせ，合意形成をしながら集団決定していく中で育まれるものであると考える。

2　特別活動における創発の学びとは

　特別活動研究部では，「特別活動における創発の学び」を，次のように考えた。これは，特別活動の特質に合致しているものと考える。
　「体験的・実践的な活動を通して，自分たちで問題を見付け，集団で話し合いながら考えを合わせ，新しい価値を創り出そうとしている状態。」
　「体験的・実践的な活動を通して」とは，「創発の学び」が育まれる方法原理としての場を表している。学校行事や児童会活動，学級活動などの具体的な体験から学び，よりよい生活をつくるという積極的意図を持ってなされる実践的な活動の中でこそ「創発の学び」が展開される。
　「自分たちで問題を見付け」とは，児童の主体性を表している。学級や学校の生活をよりよくするために自分たちの生活を見つめ直し，自分たちで課題を発見することである。見付けた課題に対し問題意識を高く持ち，自分たちで解決していきたいという必要感や切実感を持って取り組んでいくことである。
　「集団で話し合いながら考えを合わせ」とは，児童一人ひとりが課題解決に向けた考えを持ち，それを交流したり，討論したりしながら考えを合わせ，合意形成していくことである。
　「新しい価値」は，二つの方向で捉えた。一つは，発見した課題に対し，具体的な改善のための手段や方法のことであり，児童が問題意識を高く持って話し合うことで生まれるものである。もう一つは実践することによって得られる達成感や，自己有用感などのことであり，自己のよさや可能性に気付き，自己の生き方を考えたり，自己を生かそうとしたりする能力につながるものである。
　特別活動の本質や特質を生かした「創発の学び」を充実させるためには，課題発見を含め，児童主体の話合いを通して「自治能力の育成」を育むことが重要であると考える。これは，特別活動の中でも，特に学級活動において育成すべき資質・能力である「問題の発

見・確認」「解決方法の話合い」「解決方法の決定」「決めたことの実践」「振り返り」といった一連の学習過程を，多様な他者と協働しながら進める中で育まれると考える。

その中でも，「解決方法の話合い」と「解決方法の決定」では，本校の創発力を支える汎用的スキルが発揮される場面が多くある。

特に「創造的思考」については，計画委員を中心にした問題の発見・確認から，実践や振り返りまでの一連の流れの中で，どのような課題も自分事と捉えて前向きに取り組む姿勢に表れる。問題を焦点化したり小グループで考えを深めたりすることを通して，個々の考えを活発に発表し，出された意見に対して創造的に解決しようとする姿勢も見られる。

しかし，児童の発言の中には，既存の方法を用いて経験則で考えたり，成功体験をもとにこれまでのやり方に固執したりすることも多くある。これは，よりよい学校生活のために新たな方法を考えたり，課題の解決のために新たな方法を生み出したりするという「創造的思考」の核となる部分に意識が向いていなかったことに由来する。そこで，「創造的思考」を用いて新たな方法を生み出すという場面を意図的に設定し，創造的思考を働かせる機会を増やすことで，さらに自己実現に向けた一歩を踏み出せる。このことは，「創発の学びの充実」に直結するものであると考える。

3 特別活動における創発の学びの手立て

(1) 創発場面のある話合い活動の充実

児童の社会性を育てる場として，討論・討議を通じての話合い活動は，重要な意義を有している。「聞く」「話す」を踏まえて，お互いに自分なりの考えを「伝え合い」，異なる考えを合わせる中でよりよい方向を見出していくことは，「創発力」を育むことに他ならないと考えた。

(2) 創発力を発揮する場としての異年齢集団活動（たてわり活動）の設定

社会生活は，異年齢の人間関係が常態である。学校を小さな社会と見立てたとき特別活動は，多くの場面で異年齢による活動が多く，社会生活に向けた準備教育として重要な役割を果たす。異年齢集団活動を各教科で培った「創発力」を発揮する場として意図的に設定することで，社会的スキルがより磨かれていくものと考えた。

よりよい学級生活の実現に向け，納得解を見出す創発の学び

4年「つばき満開チャレンジ　～クラスの旗をつくろう～」学級活動⑴

◇目指す「創発の学び」の姿

> より学級を楽しくするという目的を持ち，互いの意見を共感的に理解したり，互いの考えに折り合いをつけたりして，学級として合意形成しようとしている姿。

◇本実践の内容

　本実践における議題は，学級を楽しくするために，学級歌を歌う際に楽器を使ったり，リズムに合わせて踊ったりする中で，歌を歌うときに旗を使いたいという発想が元である。そこから旗のデザインを考える必要感が生まれ，より学級の生活を楽しくするという視点から，学級旗の活用方法を議題として設定した。また，理想の学級に対して様々な考えを持っているため，本議題について話し合う中で，相手の考えを認めたり，自分と相手の考えをまとめたりすることで，よりよい人間関係を築こうとする態度にも結び付く話合い活動である。

◇育成を目指す資質・能力

知識及び技能	・みんなで楽しい学級生活をつくることの大切さや，学級集団としての意見をまとめる話合い活動の計画的な進め方などについて理解する。
思考力，判断力，表現力等	・楽しい学級生活をつくるために話し合い，自己の役割や集団としてのよりよい方法などについて考え，判断し，協力し合って実践している。
学びに向かう力，人間性等	・学級の生活上の問題に関心を持ち，他の児童と協力して意欲的に集団活動に取り組もうとしている。

◇活動計画（全1時間）

　事　　前：学級をより楽しくするという視点から議題を設定し，話合いの役割分担，進行の準備をする。

　第1時：理想の学級を表す旗のデザインについて話し合い，合意形成を図る。（本時）

　事　　後：話合いで決まったことを基に，役割分担を行い，旗をつくる。その後，一連の活動を振り返り，成果と課題を明らかにしていく。

◇**本時の目標**

　学級の旗のデザインを決めることを通して，互いの意見を尊重した話合いができるようにする。

◇**本時の指導上の留意点**

　話合いの準備段階では，学級全員の課題意識とつながるよう，「学級の生活をより楽しいものにする」というつばき満開チャレンジの本来の目的をおさえた上で議題を考えさせていく。また，議題を提案する計画委員の子供たちには，学級の現状を踏まえた提案理由を考えさせる。それによって，参加する子供たちの話合いに対する必要感を高めていく。さらに，話合いに参加する立場の子供たちが，自分の意見を明確にして話合いに臨むことができるよう，学級会計画カードに議題に対する考えを書かせる。なお，学級会計画カードは，議題に対する自分の考えを書くだけではなく，話合いで決まったことや実践しての振り返りを記入できるようにする。話合いの準備段階からまとめの段階まで１枚のカードにすることで，どの子も見通しを持って学級活動に参加できるようにする。

　実際に話し合う場面では，子供の意見を掲示する短冊や色分け用のカラーマグネット，「出し合い」「比べ合い」「まとめ」といった話合いの段階を示す板書などを用いて，板書の構造化を図る。その上で，互いの学級に対する思いを尊重して話し合うことができるよう，「比べ合い」の段階で共通点を見出させたり，納得できる考えがないか見直させたりする。加えて，デザインのもととなる思いに焦点を当てて司会進行させることで，誰もが学級に対して願いを持って話合いに参加していることを意識させ，どの意見も尊重しようとする態度へとつなげていく。また，話合いによって合意形成を図る上で大切にしたいのは，どのようにして折り合いをつけるかということである。そのために，他の子の考えを取り入れ，意見を発表している子をモデルとする。それによって，周りの子供たちも集団で合意形成をしていくには，みんなが納得できる意見を考える必要があるという思考ができるようにする。

創発の学びを実現する…ここがポイント

○**集団で合意形成するための考え方を見出す場の設定をしよう**

　折り合いをつけたり，多様な考えを生かそうとしたりする意見から話合いを展開していくようにすることで，みんなが納得できる考えを見出すことができる。

○**創造的思考を活用する場面の設定をしよう**

　子供の考えに沿っていく中で，批判的思考を働かせている子に注目させることで，子供たちがよりよい考えを見出そうとすることができる。

◇授業の実際

ポイント1　集団で合意形成するための考え方を見出す場の設定——発表された意見から共通点を見出し，新たな考えをもつ

司会：旗のデザインについていくつか意見が発表されましたが，みんなの旗にするために，どのように考えたらよいか意見を発表してください。

> 創発場面のある話合いとするために，多様な意見を生かす思考を促す進行ができるようにした。

C：出された意見の中に組み合わせられそうなものがあります。

C：意味が似ている意見でまとめたらいいと思います。

T：それぞれの意見から共通点を見付けて，まとめるとよさそうですね。

> 互いの意見を生かし合おうとする姿を称賛し，共感的思考を促していった。

C：例えば笑顔という意見と言われてうれしい言葉という意見は理由が似ているからまとめられると思う。

C：意味でまとめていけばいいと思います。

司会：今のように理由に注目してまとめられるものはありますか。

> 異なる考えを合わせるという視点で話合いを進めることによって，創造的思考を促す進行ができるようにした。

C：やる気という意見とチャレンジという意見もまとめられると思います。

C：絵をまとめようとすると難しいから，片方の絵の中に思いをこめたらいいと思います。

> 批判的思考をもとに，実現可能な考えを，新たに生み出すことができた。

C：絵と絵を合体させるのは厳しいから，その考えに賛成です。思いでまとめていくとまとまると思います。

創造的思考を活用する場面の設定——多様な意見から全員の納得解を見出す

C：それぞれの意見には，発表した人の考えがあるからどうにかして生かすことはできないかな。

C：似ているものをまとめていけばいいんじゃないかな。

C：絵と絵を合体するっていう考え方もあるよ。

C：でも，それじゃあ全部の絵を合体することになるよね。

出された意見について，実現可能かどうか批判的思考をもとに精査することができた。

C：だったら，まず似ているデザインを合わせていったらどうかな。

前の意見を受け，できることから実践してみようという考えを発想することができた。

（考察）

　学級に対する願いに基づいた話合い活動によって，子供たちの創造的思考を活性化する一助となった。各教科で培われた汎用的スキルを，話合い活動の中で生かすことができた。今回身に付いた汎用的スキルを，子供たちが持続的に発揮できるようにするために，汎用的スキルを用いて思考している子供を取り上げ，学級全体で汎用的スキルを用いる効果について確かめることも大切になると考える。

　また，子供たちが，汎用的スキルを自覚して働かせるためには，どのような手立てが有効か明らかにすることが課題と言える。与えられた型として汎用的スキルを用いるのではなく，目的的に用いることができるようにする必要があると考える。さらに，今後話合い活動をより充実させるためにも，話合い準備・話合い・活動の各段階の振り返りから自分と学級の変容を客観的に捉え，話し合うことの有用感を子供たちが感じられるようにしていくことが肝要だと言える。

（谷藤　光明）

Ⅲ

人間の創造性を豊かに育む
「創発の学び」の評価とは

〔1〕 思考支援としてのアセスメント

クラスルームアセスメント

　クラスルームアセスメントとは，学習者の学習状況を把握するために，教室における学習文脈において実施され，その結果が学習者または教師にフィードバックされ，あるいは学習者及び教師以外の第三者に報告され，意志決定に用いられるアセスメントのことである。これらのうち，学習文脈は以下三つに大別できる。すなわち，授業内，単元内，学期・学年内である。

　代表的なクラスルームアセスメントである単元テスト，すなわち単元内という学習文脈で行われるアセスメントを例に取ると，結果の使われ方としては以下のようなものが挙げられる。一つ目は，テストの結果を，学習者個別にフィードバックして学習者自身が学習改善に用いるといった場合である。二つ目は，集計結果を教師が手にして（教師側にフィードバック）教師が指導方法や内容を修正するために用いるといった場合である。三つ目は，その結果を評定に反映させ通知表として保護者に渡したり，調査書として進学希望先の上級学校に提出されたりする場合があり，これが学習者及び教師以外の第三者に結果を報告することに相当する。

　またクラスルームアセスメントは，計画的に行われる場合と，非計画的に行われる場合がある。単元テストや定期考査は計画的なものの代表例である。一方，学習活動の最中に教師が学習者の状況を把握し即興的に発問の内容を決めたり，指導の順序を修正したり，内容を追加したりするといったこともある。これらは非計画的なアセスメントの例である。

解釈基準を用意することの必要

　非計画的なアセスメントであっても，何らかの解釈基準はあらかじめ用意しておく必要があると考えられる。Clark (2012) は，形成的フィードバックを行うことで知識を潜在化させるためには，証拠に基づいて認知処理を活性化することが求められ，それを実現するためには事前に用意された判定基準が必要であると指摘している。

　すなわち，テストの解答，成果物の内容，表出された行動が，どのような能力が発揮されたことを代表するのかをあらかじめ想定しておく必要があると言える。そうすることで，テストの誤答を減じるとか，とりあえずよい成果物をつくるといった表面的な行動に着目した介入ではなく，観察可能な行動から発揮された能力を推定し，その能力の伸長を意図した指導や，別の能力を発揮させるといった操作，すなわち思考支援を，教師が実施しやすくなると考えられるのである。

「創発の学び」における「集団的評価」

　本校が提案する「創発の学び」の評価では「集団的評価」が強調されている。これは，先に説明してきた内容と照合すると，非計画的に行われる，教師側にフィードバックされ，教師が発問の内容を決めること等に使われるアセスメントであると言える。

　そして，児童の観察可能な行動から発揮された能力を推定するための判定基準が用意されており，思考支援としての介入を，教師が実施しやすくするための工夫がなされていると考えられる。それは，例えば137ページの表にあるように，批判的思考とは物事を客観的に捉え，論理的・合理的に省察しようとする思考であり（能力），これが発揮された際には，考えを吟味したりするという意味の「本当に・・・？」といった表現がなされること（観察可能な行動）が，あらかじめ想定されているからである。

　本校で言うところの「集団的評価」は上記のような特質を持つため，138ページから示される具体例では，児童の思考を操作するための補助発問が効果的に行われている様子がうかがえる。こうした補助発問が可能としたのは，その直前における児童の思考の状況を，137ページの表のような，観察可能な行動とそれが代表する能力との対応があらかじめ用意されているためと考えられる。

提案の意義と課題

　本校の提案するカリキュラムのうち，特にアセスメントに限定してその意義を示すならば，以下の通りである。すなわち，あらゆる教室で教師が行っている非計画的なアセスメントは，観察された行動から発揮された能力を推定するというアセスメントの原理に則って，観察可能な行動とそれが代表する能力との対応をあらかじめ想定して実施することで，教師にとって効果的な思考支援を実施しやすくし，児童の能力の伸長，育成に寄与するということである。

　一方，「集団的評価」という用語は再吟味が必要と思われる。「評価」という用語は一般的に，総括的アセスメント，とりわけ通知表や指導要録に記入する評定と同義に扱われることが多い。加えて「集団的」という用語は，教室の児童全員に対して一斉に，ということを想起させやすい。そのため「集団的評価」という用語が一斉に実施するテストと混同されるきらいがある。多くの附属学校におけるカリキュラム開発に共通する課題と思われるが，一般的な教育関係者が一義的に解釈可能な用語を用いることが，開発されたものの普及可能性を高めることにつながるだろう。

　　令和2年4月

国立教育政策研究所初等中等教育研究部
総括研究官　山森　光陽

（引用文献）
Clark, I. (2012). Formative assessment: Assessment is for self-regulated learning. *Educational Psychology Review, 24*, 205-249.

〔2〕「創発の学び」の評価

　創発の学びでは各教科等の「見方・考え方」を働かせ,「汎用的スキル」を駆使する深い学びを実現することが大切である。そのためには,目前の学びの質を高める即時的な評価（集団的評価）と単位時間や単元終末といった節目に,しっかりとした根拠を伴った評価（ポートフォリオ評価・パフォーマンス評価）といった多様な評価方法が欠かせない。これらと本校の指導構想との関連を下図に示す。

〔図4　創発の学びにおける評価について〕

　今次研究「創発の学び」の充実と評価では,3つの評価方法について研究を進めた。本稿では,創発の学びの充実に大きく関わる,「集団的評価」に焦点化し,紹介をしていくこととする。

集団的評価

　本研究の「創発場面」のある授業に即して評価を考えるとき,**「創発の場面」における集団の思考の深まりを指導者である我々が形成的に評価すること**が最も必要なことである。授業中のコミュニケーションによる子供の思考の高まりや深まりの状況の中で,教師が「創発の学び」が実現できているかどうかを感じ取ることで,状況に応じてさらに思考を広げたり深めたりするような手立てを打つことができる。その意味でそれは即時的・同時的な評価であり,事前また事後でもない事中の評価といえる。また,思考支援を目的とした形成的評価といえる。

このような評価を可能にする条件として，目の前の子供の状況に応じて教師が事前にどのような手立てを，どの程度想定できるのかが重要となる。ここで大事な役割を果たすものが，各教科等の特質に応じた「見方・考え方」である。まず教師は，この「見方・考え方」を使って子供の学習状況を見取っていく。子供たちが十分に「見方・考え方」を働かせているか，そして深い思考を伴うとき「汎用的スキル」が活用されているかどうかが大きな評価指標となる。そして具体的な評価材としては次のようなものが考えられる。

> 具体的な評価材：発話　つぶやき　表情　まなざし　動き　姿勢　文章　制作物等

　子供たちの状況が変化していく事中に即時的に評価していくためには，集団の中で表出された子供の事実を見ようとすること，そして学ぼうとしている題材や内容の深さを見ようとすること，さらに「見方・考え方」を働かせ，つながりのある学びになっているか見ようとする教師の姿勢が大事である。

> ①子供の事実を見ようとすること。(児童中心)
> ②題材や内容の深さが見えていること。(内容理解)
> ③つながりが見えるということ。子供と子供，考えと考え，子供の考えと題材，過去の学びとこれからの学び等。(見方・考え方の働かせ方)

　こうした姿勢を大切にしつつ，目前の学びを見取り，それらを判断・査定し，計画立案し，問い直すことで深化・拡充すること，そして，さらにその教科等の「見方・考え方」が働く状態に誘うことが求められる。こうした事中の評価を積極的に行っていくことで，集団の学びを高めたり深めたりすることができ「創発の学び」の充実につながる。
　集団を評価する際に，その教科毎に汎用的スキルが創発の場面でどのように発揮されるのかを見取り，それに応じた思考支援を行うこととした。各教科等の汎用的スキルを俯瞰して見ると，汎用的スキルは以下のように整理された。

【創造的思考】	【批判的思考】	【共感的思考】
どのような課題であっても課題解決に前向きに取り組み，積極的に新しいものを生み出そうとする思考スキル	物事を広い視野から多面的・客観的に捉え，批判的，内省的に考えながら省察しようとする思考スキル	他者との関係の中で，相手を尊重しながら他者の考えを受け入れ，考えの中にあるよさを見付けようとする思考スキル
意欲を持って「もっと，○○したい」，知的好奇心を持って「なぜ，○○なのだろう」，予想や推測を働かせて，「きっと，○○だろう」というもの。	より深く熟考したり考えを吟味したりするという意味の「本当に……?」「他には……?」というもの。	賛成したり納得したりするという意味の「なるほど……」というもの。

　各教科等では，各教科等の本質・特質を大切にした学びの過程で3つの汎用的スキルをもとに集団的評価を行った。その結果，集団として新しい価値を創り出す創発の学びの充実へとつながった。各教科等の実践例を通して集団的評価の具体例を紹介する。

実践例❶	国語科

◇**単元名**　　第5学年「伝え合おう！私が考えるメディアとの関わり方」

◇**学習材名**　中心教材：「想像力のスイッチを入れよう」（光村図書5年）

　　　　　　　　　　　　　「メディア・リテラシー入門」（学校図書5年下）

◇**本時のねらい（8/9時間）**

　筆者の考えと自分の考えを比べながら，自分の考えを友達と伝え合うことができる。

◇**本時における創発の学びと集団的評価**

　　本単元では，メディアから発信される情報を正確に受け止めるために，情報の受信者である私たちが努力をするべきことについて，分かりやすい事例をあげながら主張を展開している「想像力のスイッチを入れよう」と，ニュースの種類の違いや，メディアによって情報の伝え方が違うことを，根拠を明確にしながら述べている「メディア・リテラシー入門」を比較しながら読み，筆者の考えの共通点を見付けた。次に筆者の考えをもとに，複数の新聞記事を比較して感じたことを話し合った。その後，情報やメディアの特徴について調べ，そのことを活かし，メディアとの関わり方について自分の考えをまとめた。

　　本時では，前時までに考えたメディアとの関わり方について自分の考えをさらに高めるために，汎用的スキルを発揮させる場面として，対話活動を設定した。その際に，教師が根拠を問う発問をすることで，児童の考えを深く知る手掛かりとした。その場面では，「そういえば」「なるほど」という共感的思考を基盤としながらも，児童の考えの根拠を明確にさせることで，創造的思考を用いて「同じように考えてみると～」という考えに目を向けることを想定した。また，子供同士が疑問点をぶつけたり感想を述べ合ったりしながら意見を交換させたりすることで，より汎用的スキルを働かせることができると考えた。

◇**授業の実際～展開前段（課題を解決する前段場面）～**

～メディアとの関わり方について学んできたことを，これからどう関わっていきたいかを話し合う場面～

Ｃ：ぼくは今まで情報を信じてたんですけど，全て正しい情報とは思わずに，想像力のスイッチを働かせて結論を急がないことが大切だということが分かりました。

Ｔ：自分と照らし合わせてみて，自分はこれからどう関わっていきたいですか。

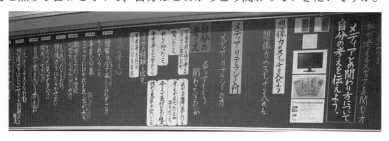

C：これからは，ニュースとか新聞とかを見たときに，本当かなって疑ってみて，正しい情報を得られればいいと思います。

C：「想像力のスイッチを入れよう」では，想像力を働かせていつも本当かなって見ることが大事だということが分かったし，「メディアリテラシー入門」では，事実と印象をちゃんと見極めることが大事だと分かりました。自分の経験なんですけど，私は今までインターネットでニュースを見ていたことがあったんですけど，○○さんの話を聞いて，インターネットで見るよりも新聞で見た方がより詳しく書かれていることが分かったので，これからは新聞を読んでみたいなあと思いました。これからに生かしたいことは，メディアにもそれぞれよさがあるので，自分が調べたい情報のときに必要な情報を使い分けて生活できたらもっと正しい情報を得ることができると思うので，これからは自分で情報を使い分けて正しい情報を見付けていきたいです。

T：今，すごいこと言ったね。どこがすごかったですか？

※子供の考えの良さを共感的に捉えさせたいと考えた。

C：「メディアにはそれぞれよさがある」って言ったところです。

T：みんなが読んだ二つの文章には，よさも書いてあったけど…

C：弱点というか，あんまりよくないことも書いてありました。

T：そうだよね。あまりよくない面も書かれてありましたよね。では，なんでよさがあるって分かったと思いますか？

※どうやってその良さを知ることにつながったのか，他の子供にも広め，創造的思考を引き出そうと考えた。

C：調べているときに，新聞は情報を伝えるのが遅いけど詳しいとか，テレビだったら情報を伝えるのは速いけど印象だけを与えているとかってあって，ちゃんと自分の調べたいことに合ったものを選べば，自分の伝えたいことが速く見つかります。

T：新聞はけっこう弱点が先に載っていました。遅いとか，印刷するのに時間がかかるとか。でも，それぞれよさがあるから，調べるものによって変えていきたいなということだそうです。みなさんも，それってどういうことなのとか，どうしてそう思ったのって聞いていいですからね。

※教師が見本を見せた後，子供同士が疑問点をぶつけたり，感想を述べ合ったりしながら汎用的スキルを発揮できるようにした。

（考察）

　子供が話したことの根拠を問う発問をすることで，子供の考えを深く知る手がかりになったり，他の子供にとっても理解が深まったりすると感じた。子供の発言に対して「今，すごいことを言ったね。」という反応は，「どこがすごいのか」「何がすごいのか」を子供がまだ気付いていないと判断したために，教師側から反応を返した場面である。このように，学びの状況を把握し，評価し，手立てを講じることにより，子供の考えを広げ，深い学びを実現することができる。

（小原　ひとみ）

実践例❷　社会科

◇**単元名**　第3学年「盛岡市のうつりかわり」

◇**本時のねらい（3/7時間）**

　グラフや写真資料，年表の読み取りを通して，盛岡市の人口は都南村や玉山村の合併で大きく増加したが，最近は人口が減ってきていることを理解することができる。

◇**本時における創発の学びと集団的評価**

　本時は，公共施設や土地の利用，交通の発達など，市の様子の移り変わりを捉える単元において，人口の変化に着目した移り変わりを捉えることをねらいとして行った。資料を用いて調べる中で，2度の合併によって人口が増加する様子や近年の人口減少に着目し，未来に続く市の発展と結び付けて捉えさせたいと考えた。市町村が合併するねらいや良さについても，3年生なりに予想したり市役所の人の話から調べたりする中で，人々の生活と将来の盛岡市について考える一助とし，単元のゴールにおける「未来の盛岡への提案」の材料にできるよう構成した。

　これらのねらいを達成するために，汎用的スキルを発揮させる場面として，人口の変化について予想する場面と，合併することの良さを考え合う場面を設定した。

　人口の変化については，既有の知識や友達の考えを結び付けた「共感的思考」を大切にしながら「昔は○○だったと思うから増えてきたと思う。」という「創造的思考」や「それなら○○も考えられるのではないか。」という「批判的思考」を働かせて予想できるよう意図した。また，合併することの良さについては，「創造的思考」や「批判的思考」が発揮される場面を設定することで，3年生なりの考えを生かしつつ市役所の進める取組をイメージできるのではないかと考えた。

◇**授業の実際**

〜古地図と現在の盛岡市の地図から，人々の様子を想像した後，マスキングして一部を隠した「盛岡市の人口の変化」のグラフを提示し，どのように変化するのかを予想する場面〜

Ｔ：盛岡市の人口はどのように変わってきたと思いますか。

Ｃ：昔は盛岡市のまちが狭かったから，今より人口が少なかったと思います。

Ｃ：まちもあるけど，昔は病気がはやって薬も効かないから，人は少なかったと思います。

Ｃ：戦争とかあったから，少なかったんじゃないかな。

Ｃ：あー，それもあるなあ。

Ｔ：みんなの考えを聞いていると，昔は人口が少なくてだんだん増えていったように思えるね。

※教師が共感することで,「本当にそれだけだろうか,別の考えもある。」という批判的思考にも火をつけたいと考えた。

C:私は反対で,おじいちゃんが子供のころは,兄弟が多かったって聞いたことがあるから,昔は今より人口は多いと思います。

C:よくテレビで「人口が減っている」とか「東京に集まっている」とか言っているから,最近,盛岡の人口は減ってきていると思う。増えてから減ったんだよ。

C:えー,それもあるのか。

T:いろいろな考えが出たけど,どの考えが確からしいと思う?

※様々な根拠を聞きながら考えあっていることを認め,批判的思考と創造的思考を用いて予想をしぼっていくことをねらった。

〜地図で旧都南村と旧玉山村との合併を空間的に捉えた後〜

T:合併すると,人口が増えるほかに,どんなことが変わりそうですか。

C:人が増えてにぎやかになる。

C:地域の祭りが増えるから楽しくなる。

C:友達が増えて,楽しいことが増える。

C:合併するといいことが多いんだね。

T:**楽しくてにぎやかになるのなら,みんな……合併すればいいんじゃない?**

※3年生の生活経験に基づいた発想に寄り添いながらも,批判的思考を用いて市の取組の理由について考えるきっかけにしたいと考えた。

C:うーん。そういう簡単な話じゃないんです。いくつか合併することで,よくなる理由があるんだよ,きっと。

※あえて混沌とした状態をつくることで,集団での思考を促したいと考えた。

T:よく分からないから,市役所の阿部さんの話から,調べてみましょう。

(全員で資料を確認する。資料から合併する理由を調べる。)

みなさんどう思いましたか。

C:公共施設や税金が関係しているとは,知りませんでした。

C:合併でにぎやかになったのに,これから人口が減ったらどうなるんだろうと思いました。

(考察)

　子供たちが既習や経験,友達の考えを結び付けながら,創造的思考や批判的思考を活用できるよう,教師は子供たちの表情や言葉を見取って評価し,ときには立ち止まって考えさせるような返しをすることが効果的であった。汎用的スキルを活用する場面を教師が見極め,子供たちの思考が膨らむような投げかけが重要であると考える。

（橋場 美和）

実践例❸	算数科

◇**単元名**　第6学年「形が同じで大きさがちがう図形を調べよう～拡大図と縮図～」

◇**本時のねらい（1/7時間）**
　拡大図，縮図の意味や性質について理解することができる。

◇**本時における創発の学びと集団的評価**

> 　本時における創発は，問題②をきっかけに，拡大図・縮図の見方を基にして合同な図形の見方を捉え直した状態である。見いだしたい価値ある数理は，合同な図形は形の同じ図形の中で辺の長さの比が1：1になる特別な図形であるということである。この創発の状態を生み出すことによって，拡大図や縮図の考え方について意味理解を深め，中学校数学科で学習する相似な図形の考え方の基礎につなげることができると考えた。
>
> 　本時にあたっては，問いを生む問題②を設定する。まず問題①として，同じ形とみることができる台形について考えさせる問題を設定する。これにより，形が同じでも大きさの違う図形があるという観点で図形を捉え直すことができる。そして，拡大図や縮図の関係にある図形については，対応する角の大きさが等しいこと，対応する辺の長さの比が等しくなることを理解させる。
>
> 　問題②では，任意に作成した台形が拡大図といえるかどうか考える問題を設定する。辺の長さが小数倍になる場合でも拡大図ということができることを考えさせることができる。さらに，合同な台形を拡大図・縮図の見方で見直すことを通して，合同な図形は辺の長さの比が1：1の特別な場合であることを捉え直すことができると考える。
>
> 　本時における集団の評価について，基にする図と，拡大図や縮図を重ねると，頂点の位置が並ぶことを共観できたかを見取っていく。合同な図形を，辺の長さの比1：1の特別な図形であると考えている「批判的思考」，課題解決に向けて話し合い，拡大図や縮図の関係について考えている「共感的思考」，拡大図や縮図の意味を既習の合同な図形と結び付けて考えている「創造的思考」について形成的に評価し，思考支援をすることにした。

◇**授業の実際**

（ア～オの図形を提示し，2倍の拡大図や2分の1の縮図について調べる学習活動を行う。）

T：このように，基の
　　図形に対して，対
　　応する辺の長さの
　　比や角の大きさが
　　等しくなる図形の
　　ことを拡大図や縮図といいます。

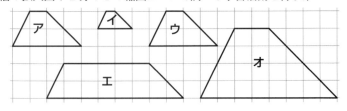

T：角の大きさが等しいかどうかを比べるときに，もとの台形と拡大図と縮図の台形を重ねると，どんなことがいえますか。

※図を重ねることで，拡大図と縮図の関係に着目して思考を深められるよう「共感的思考」
　を働かせることをねらった。

Ｃ：角がそろいます。

Ｃ：１点を重ねると，辺がそろいます。

Ｔ：拡大図や縮図はこの２つしかないのかな。どうですか。

※２倍の拡大図や２分の１の縮図以外の拡大図・縮図について考えさせることを通して，「批判的思考」を働かせるように支援した。

Ｃ：２倍の拡大図があるってことは，３倍や４倍の拡大図があってもいいでしょう。

Ｔ：**拡大図には２倍，３倍，……という整数の倍の拡大図しかないのですね。**

※「批判的思考」を働かせて，小数倍の拡大図について考えさせることをねらった。

Ｃ：いや小数の倍があると思います。

Ｔ：どういうことですか？詳しく教えて説明してみてください。

Ｃ：だって，イを基にしたら，アは２倍，オは４倍の拡大図になるでしょう。アとオの間に３倍の拡大図があるとするとアを基にしたときに，1.5倍の拡大図カがあるはずです。

Ｔ：ところで何倍の拡大図といえますか。

Ｃ：辺の長さの比で考えると２：３だから，アを１とみるとカは1.5にあたるから，1.5倍の拡大図といえます。

Ｔ：**比で表すとどんな拡大図といえますか。**

※比の考え方を使うことで，「共感的思考」を働かせ，拡大図と縮図の関係を捉えられるようにした。

Ｃ：辺の長さの比が１：1.5の拡大図です。

Ｔ：アとウについては，拡大図や縮図ということがいえそうですか。

※「創造的思考」を働かせ，合同な図形を拡大図・縮図の概念で捉え直すと，１：１の特別な図形であることを理解させるようにした。

Ｃ：アとウは１：１になっているので，１倍の拡大図，縮図です。でも拡大でも縮小でもないから，拡大図とか縮図とかいうのはおかしいと思います。

Ｃ：だから合同な図形というんじゃないかな。

（考察）

　２倍の拡大図と２分の１の縮図を基に，２倍や２分の１以外の縮尺の拡大図や縮図がないか問うことをきっかけにして，1.5倍の拡大図カがあることを考えさせることができた。そのほかにも，アを基にした拡大図や縮図がたくさんあることも見いだすことができた。

　また，アとウの図形は合同な図形であることから，拡大図・縮図の関係で合同な図形を捉え直したときに，１：１の特別な関係にあると理解させることができた。拡大図・縮図の意味を理解することにとどまらず，既習の図形の学習と関連させながら創造的思考へつなげることができた。

（伊東　晃）

実践例❹	理科

◇**単元名** 第5学年「流れる水のはたらき」

◇**本時のねらい（3/12 時間）**

　流れる水のはたらきについて，流れ方や地面がけずれる様子に着目して，それらと地面の傾きや流れる水の量とを関係付けて調べる活動を通して，根拠のある予想や仮説を発想し，表現することができる。

◇**本時における創発の学びと集団的評価**

　本単元では，雨水が大地に降り注ぎ，地面を削ることにより川が形成され，川を流れる水のはたらきにより大地が変化することを学ぶ。流れ方と地面の様子について追究する中で，既習の内容や観察，実験結果を基に，大地を大きく変化させる要因は，土地の傾きや流れる水の量が関係することを表現していく。

　本時での創発の学びは，まず，事象提示の段階で表出した子供の気付きを全員で共有し，全員が問題意識を持つことから始まる。次に，何度か観察実験を繰り返すことで変化の要因が何なのか仮説を立てる。最後に検証実験を経て仮説を立証し，実験結果を基にきまりを表現する。このように，子供たちは集団で問題解決を行い，協力しながら流れる水のはたらきに関するきまりを表現していく。

　その際，「観察から得た友達の気付きに対して共感的思考を持っているか」「本当に友達の考えは正しいと言えるかについて批判的思考を持って捉え直しているか」「より確からしいきまりを理解するために創造的に自分の考えを表現しているか」の3点に着目しながら集団的評価を行い，適切な手立てを講じた。

【活動の流れ】

山 → 一本の川 → 班毎に実験 → 仮説 → 検証実験 → きまりを表現

【子供の思考の流れ】

> 山に水を流してもすぐには川ができない。土砂が多量に削れらる地点では何が起こっているのだろう。

> 流れる水のはたらきを変化させることには，どんなことが関係しているのだろうか。

> 大地の変化には，大地の傾きと水の量が関係し，それにより流れる水のはたらきも変化する。

◇**授業の実際**

Ｔ：山のモデルに水を流してみます。どうなると思いますか。

Ｃ：川ができると思います。

（ところが，初めは水がしみ込み，なかなか川ができない。）

Ｃ：え！？川ができない。何で？

（予想を裏切る結果を提示する。）

Ｃ：初めは，水がしみ込むからか……。

山のモデル

～一本の川に水を流す～

Ｔ：水を流す前と後で何か変わった点はありますか。

Ｃ：始めは, 川が真っすぐだったのに水を流すとだんだん川が曲がってきました。

Ｔ：……。※子供の顔を見渡し, みんなが気付きを共有できるようにする。

一本の川

Ｃ：もう一度流してみてください。

Ｔ：では, 流します。

Ｃ：曲がっている地点は土砂がたまっているよ。

Ｃ：傾きがゆるやかなところにたまるのかな。

～班毎に実験を行う～

Ｃ：傾きが大きいところと小さいところを比べてみよう。

※友達の考えを批判的に考えようとしている。

Ｃ：水の量も関係すると思うよ。

Ｃ：他にもあるかな。※他に関係している条件がないか批判的に考えている。

～仮説～

Ｔ：土地の様子が大きく変化するのには何が関係しているでしょう。

Ｃ：土地の傾きと水の量が関係していると思う。

～検証実験～

Ｔ：では, 土地の傾きが異なる一本の川に水を流します。

観察, 実験を繰り返しながら根拠が明確になる。

Ｃ：やっぱり予想通り傾きが大きいとたくさん土砂がけずれるよ。しかも, 傾きが小さいところに土砂がたまるね。

Ｃ：だから, そこで川の流れが変わるのか。

Ｃ：あ～, なるほど。

Ｔ：次に水の量を変えてみます。

Ｃ：やっぱり予想通り水の量が多いとたくさん土砂がけずれるね。

～きまりを表現～

Ｃ：実験結果から考えると, 大地の変化には, 大地の傾きと水の量が関係し, それにより, 流れる水のはたらきが変化すると言えます。※実験結果を基に, 創造的にきまりを表現しようとしている。

（考察）

　教師は, 子供の発言を捉え適切に評価し, その考えを友達につなげることで, 集団として新しい価値を創り出す手助けをすることができる。問題解決に向けて, 多様な考えを瞬時に判断し評価することは, 理科の学び, 特に実験や観察の場面において重要である。なぜなら, その瞬間は刻一刻と変化し続けることであるため, 再現性が難しいこともある。子供の発言を捉えるには, 教師の深い教材研究と鋭いアンテナが大切である。

（黄川田 健）

実践例❺　　生活科

◇**単元名**　第１学年「ロケットをつくって遊ぼう」

◇**本時のねらい（4/10 時間）**

　ロケットを友達といっしょに飛ばしながら，もっと遠くに飛ぶように工夫し，みんなで遊びを楽しむことができる。

◇**本時における創発の学びと集団的評価**

> 　前時までに，ロケットを飛ばす仕組みに気付いておもちゃづくりを進めていたが，「こんな材料がほしい」という児童の気持ちが高まるまでは，新たな材料を教師側から与えることはしなかった。ゴムの違いに着目した子供がその考えを広め，それに皆が「試したい」という思いを持ったので，本時では，太さや長さの違うゴムをさらに数種類用意した。子供の様子を適切に把握し，しかるべきときに次の一手を打つことが大切である。子供の弾む思いを生かすタイミングを見失わないようにすることこそ，創発の学びの土台を築くポイントとなる。本時は，新たな材料を用いながら，思いを実現するための方法を試した。
>
> 　低学年の子供は，自分の思いを言葉で的確に表現することがまだ難しい。言葉で表現することだけではなく，友達の様子をじっくりと見ていたり，真似をしたり，つぶやいたりしている子供の姿を見取る。また，考えを伝え合う活動によって，友達の考えを知り，対象への見方を広げて気付いている姿を即時的に評価し，その考え方のよさを伝えることで気付きを言語化させていく。
>
> 　また，活動の中で見せる様々なよさを子供に伝えるタイミングをあえて遅らせ，後からじっくり褒めるなどの工夫することで，より自分の成長を実感し，自信を持って様々な活動に取り組もうとする気持ちを育んでいく。

◇**授業の実際**

　友達と比べる場を設けるため，始めは班で，次に全体で，遠くに飛ばすための工夫について気付いたことを話し合った。自分の考えと比較したり，取り入れたいことを考えたりして検討し，自分のロケットをより遠くに飛ばすための方法を試していった。

Ｔ：今日，試してみて遠くにとぶ秘密だなと思ったことはありましたか。

Ｃ：太いゴムは伸びなかったから，細いゴムの方が飛びました。

Ｃ：一番太いのは飛ばなかった。一番細いのじゃない，２番目に細いのが飛びました。

※数種類のゴムを試しながら，ロケットを遠くに飛ばすためには，ゴムの伸びが関係することに気付いている。それぞれの試した方法を聞き，自分と比べさせるようにした。

Ｃ：私も２番目に伸びるのが飛びました。

Ｔ：１本ですか？

Ｃ：１本です。

Ｃ：試したら，一番細いのが良く飛びました。一番太いのは，太い代わりに強すぎて伸びません。一番細いのが細くて伸びます。

Ｔ：みんなはどうでしたか。

Ｃ：細いほうが伸びたから飛んだ。

Ｔ：○○さんはおもしろいよ。細いのと太いのをミックスしたよ。

Ｃ：それ，飛ぶの？

※批判的に自分の体験と比較し，本当に飛ぶのかどうか考えているかを見取る。

Ｃ：太いゴムは，強すぎるから，ガムテープで貼っても発射台から取れてしまう。だから，細いほうがいい。

Ｔ：テープがとれなければいいのか。同じように取れてしまった人。（数名挙手）

Ｔ：△△さんのを見て。びっくりするよ。

※発射台を長くし，ゴムが長く伸ばせるようにした子供のロケットを提示した。じっと見つめ，興味を持っている様子だったので，その意図に気付かせるようにした。また，友達のロケットと比較することを通して，自分なりの改良の方法を考えさせたい。

Ｃ：長い！（じっと△△さんのロケットを見ている。）

Ｔ：背くらいあるね。なんだかこまっているんだって。

Ｃ：発射台を長くしたけど，ロケットがひっかかって。

Ｔ：△△さんは，何のために長くしたのかな。

※友達がどのような考えなのか共感的に理解しようとしているかを見取る。

Ｃ：ゴムをいっぱい伸ばしたいんじゃない。

Ｃ：やってみて。

Ｃ：（実際にゴムを伸ばして，ロケットを離してみる。）

Ｃ：すごい勢い！

Ｃ：やってみたい！

Ｔ：□さんもおもしろいことしていたよね。

Ｃ：ロケット一つより二つにしたら，ピンクの線までとんだ。紙コップもつけたらもっと飛びました。だから，重さも関係があると思いました。

Ｃ：えっ。

Ｔ：二つにすると。

※友達の考えから自分の考えに加えたいことを創造的に考えているかを見取る。

Ｃ：長くなる。

Ｃ：重くなる。（実際に持ってみる。）本当だ。

Ｃ：ロケットにも秘密がありそう。

Ｔ：おもしろいことを発見したね。もっと試したいことはありませんか。

（考察）

　一単位時間の全体の評価だけではなく，子供一人ひとりの形成的評価を日々重ねることで，集団の学びの質が高まり，自分の気付きが広がったり確かになったりする学びを充実させることができた。集団的評価には，個々の評価の積み重ねも大切であり，単元における創発場面を適切に位置づけることで，活動が活発になり，個の様子が際立って見えるようになる。

（菊池　香ゆり）

◇**単元名**　　第2学年「けんばんがっきと　なかよくなろう」

◇**学習材名**　「かっこう」（小林純一日本語訳詞　ドイツ民謡）

　　　　　　　「かっこうワルツ」（ヨハン・エマヌエル・ヨナーソン作曲）

◇**本時のねらい（2/3時間）**

　カッコウの鳴き声の旋律の特徴に気付き，工夫したい音楽表現について自分の思いや意図をもって鍵盤ハーモニカで模倣して演奏する。

◇**本時における創発の学びと集団的評価**

> 　本題材では，身の回りの音を聴いて自分や友達の見付けた旋律を味わう（共感的思考），発見したり見付けた音の共通点を探ったりする（創造的思考），他にはないかと考える（批判的思考）場面を設定した。
>
> 　本時は，カッコウの鳴き声を「真似っこ遊び」しながら，主に共感的・批判的思考を用いて音楽活動を進める。鳴き声を再現することに抵抗がある子には他者からヒントをもらって演奏する共感的思考を，容易な児童には批判的思考や創造的思考を用いて課題解決をさせていく。教師は，思考スキルの使い方から子どもの状況を見取り，集団として新しい価値に近づくことができるように発問をする。個の気付きによって集団の音楽表現が高まることを児童が認識し，音楽的価値に辿り着く集団の思考の深まりを感じられるように配慮した。

◇**授業の実際**

〜導入後，鳴き声を鍵盤ハーモニカで表現できる音楽的価値のあるものとして捉える創発場面〜

T：よく聴いてください。(カッコウの動画を視聴)

　カッコウの鳴き声を，白い鍵盤だけで真似して吹いてみてください。ドレミで表せるかな。音が見つかったら，学習シートにメモしてください。

※自分にも出来そう，おもしろそう，と興味関心を持つことのできる課題を設定した。

C：できるよ。（すぐに見付けた音をメモ）

C：え〜。できるかな。（活動への不安）

C：知ってる。ラファでしょ。（既有の知識で解決）

C：そうなの？（模倣をしようとする）

C：他の音でもできるかも。（既有の知識を深めようとする）

C：もう1回聴きたい。

※既有の知識で活動を終えようとしている児童，取り組み方に不安を持っている児童，もう一度聴きたい，と能動的に学習する児童が見られた。【集団の評価】

T：いいですよ。聴きたい人は，テレビの近くに来てください。

（1人，2人，次第に全員テレビのスピーカーに耳を近づけて聴き始める。戻ってメモする，吹いて確かめる，が繰り返される。時間を保障したことで，他の児童も複数の音を見付ける。）

（聴いた音を鍵盤ハーモニカで再現する活動を通し，個々の考えを記録できたことを確認後）

T：1人ずつ発表します。2つ見付けた人は，お気に入りの音を発表してください。

C：（全員演奏）（T　板書で整理。ラファ，ソミ，ドラ，シソ，ラソの5種）

T：**何か気が付くことはありませんか。**

※創造的思考を促すため，個と集団を関連付けて，旋律の特徴に着目させる発問。

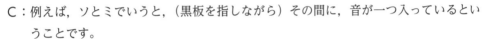

C：どれもドレミで出来ています。

C：全部上から下です。

C：全部一つ飛ばしです。

T：一つ飛ばしとはどういうことですか？

※集団の様子を観察し，共感的思考を促すため，児童に詳しく説明を促す発問。

C：例えば，ソとミでいうと，（黒板を指しながら）その間に，音が一つ入っているということです。

C：本当だ！

C：まだあります。※創造的思考を駆使した気付き。

C：みんな，ぱんぱあ～ん！って吹いています。※リズムに着目する発言。

T：なるほど！リズムがみんな「ぱんぱあ～ん」なのですね！よく見付けましたね。ところで，世の中に，カッコウの鳴き声を真似した曲ってないかな。

C：「かっこう」！

T：そう！「かっこう」ですね。知ってますか？でも，他にもあるんですよ。ヨナーソンさんという作曲家がつくっています。いったいどんな風に鳴き声が登場するか，聴いてみて下さい。聴き取って演奏できるかな？

（ヨナーソンの「かっこうワルツ」を鑑賞。その後，曲に合わせてカッコウの旋律を演奏）

C：ヨナーソンさんすごい。ぼくたちと同じことしてる。【集団の思考の深まり】

─**（考察）**─

　新しい音楽的価値に辿り着くためには，既有の知識を検証したり更新したりする必要がある。本時も，ラファでできると主張した児童に左右され，新しいものを探さずに終わりそうな場面もあった。しかし，個々

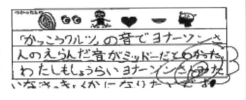

の考えを持つ時間を保障し，互いの考えを板書で共有したことで批判的思考や創造的思考が駆使され，旋律の特徴や楽器のよさ・おもしろさという新しい音楽的価値に気付くことができた。思考スキルと，児童の関わり方を見取ったことで，個と集団がよりよく関わり合えるよう支援や発問をすることができた。「ぼくたちと同じことをしている」と発言した児童によって集団での学びが音楽的に価値付けられ，思考の深まりを感じた実践となった。

（小川　暁美）

◇**単元名**　第４学年「つなぐんぐん～造形遊び～」

◇**本時のねらい（1/2 時間）**

新聞を丸めてつくったスティックを用いて，材料や場所の特徴などから，どのように活動するか考えることができる。

◇**本時における創発の学びと集団的評価**

> 本時における創発の学びは，友達との関わりの中で，初めは思い付かなかった材料の組み合わせ方や，場所を意識した活動の仕方を考え，表現が広がったり，深まったりしながら，よりよいものを創り出していくことである。その創発の学びの充実のためには，造形的な見方・考え方を働かせた学習活動が行われ，友達との関わりの中で汎用的スキルの活用が行われているのかを見取っていく集団的評価が必要である。
>
> 集団的評価を行うために，題材で働かせる造形的な見方・考え方，発揮する汎用的スキルを具体的に想定することによって，創発の学びにおける話合いや表現活動の際の視点と期待する児童の姿をイメージすることができる。そして，実際の創発の学びの場面において，教師が想定した姿から子供たちの学習状況を見取り，ゴールの姿に達していない場合は，視点を再度与えたり，問い直したりするなど，集団的評価を的確に行い，創発の学びの充実につなげていく。

◇**授業の実際**

Ｔ：新聞紙を使ってどんなことができるかな。組み合わせ方も色々試してみましょう。

～各グループでの活動～

Ａグループの様子

Ｃ：釣り堀をつくってみようか。

Ｃ：いいね。この場所にして新聞紙を集めてこよう。

Ｃ：新聞紙を重ねるよ。

Ｔ：（少し様子を見た後に）**横に重ねていくんだね。どんな風にしていく予定かな？**

※表現の意図，その表現方法のよさをどのように考えているのかを確認する。

Ｃ：横に重ねると，隙間なく壁になるから，前に行ったことのある釣り堀みたいになりそう。

Ｔ：なるほどね。横に重ねて行けば，新聞紙のスティックでも隙間のない壁になるね。

Ｔ：（全体へ）このグループは釣り堀を考えたようだよ。横にして重ねていくと，壁がつくれそうだよ。

※ A グループでは，新聞紙を横に重ねて壁をつくるという創造的思考を発揮させて活動していた。ここで生まれた表現方法は，教師が想定していなかったものであり，他のグループでも同じ表現方法は見られなかった。表現方法を広げていくために，全体に様子を伝えた。

B グループの様子

　家をつくりたいが，壁をどうするか悩んでいたグループ。全体へ A グループの表現方法を広げたことで，自分たちでは気付かなかった方法に気付くことができた。初めは，新聞紙を四角につなげていただけだったが，教師が他のグループの活動の様子を見取った後に再度 B グループに行くと，右写真のように活動が進み壁をつくっていた。友達の表現を自分たちの表現に生かして活動していくことができた。

※ B グループは，たくさんの思いを持った子供たちであった。たくさんの思いの中で，壁をつくりたいと考えたが，つくり方までは考えつかなかった。その状況を教師が見取り，A グループを全体に紹介する形で，創造的思考を促す手立てをとった。

(考察)

　全体での題材の導入を行った後に，グループに分かれて表現活動が始まっていくと，初めからイメージを持って取り組むグループ，なんとなくやってみるグループ，やってみたいことはあるけれど，どうしたらいいか迷っているグループが見られた。イメージを持って活動を進めているグループは，創造的思考を働かせて，高さを意識した表現，教室の床と壁を使った表現，スティックを折り曲げた表現など，自分たちがよいと思うものをどんどん見付けていった。教師の想定を超えたものも多く見られた。そういったグループには教師が共感的に認め，よさを価値付けていく集団的評価を行うことで最後まで意欲的に活動を深めていくことができた。

　また，表現や表現方法がなかなか思い付かないグループにおいては，教師が視点を与えることで，表現を広げていくことにつながる部分もあったが，共感的思考を働かせて他のグループの活動の様子を見るように促す集団的評価が特に有効であった。新聞紙を重ねて家の壁を表現することを思い付いたグループのように，他のグループの活動を見ることで，具体的な表現方法が分かり，そこから創造的思考を働かせて活動している様子が見られた。そして，教師が視点を与えなくても，自然と他のグループの様子を見ながら，活動を見付けていくことができた。

（金子　裕輔）

実践例❽	**家庭科**

◇**単元名**　第5学年「じゅーじゅークッキング　～野菜炒めをつくろう～」

◇**本時のねらい（3/6時間）**

　フライパンや油，ガスコンロ等を安全に使い，「炒める」等の技能を身に付けるようにするとともに，児童がこれまでに学習した「炒めるよさ」を生かし，実践的・体験的な活動を通して，野菜をおいしく炒めるコツについて考える。

◇**本時における創発の学びと集団的評価**

　　本実践では，おいしい野菜炒めづくりを通して，家庭科の見方・考え方を捉えさせるため，「焦げない」かつ「中まで火が通る」という要素を示し，「ピーマン」「玉ねぎ」「にんじん」をどの順番で炒めたらいいのかグループで考えさせた。1回目の試行活動で材料を炒めた結果をもとに，よりおいしい

野菜炒めをつくることができる方法を，グループで検討した。この過程で「創発」が生じ，個々の知識が統合され，新しい価値に気付くと考えた。その際，以下の観点を用いて集団を評価し，十分ではない集団には適切なアプローチを行った。

①見方・考え方を捉えるため，2つの以上要素を明確にして思考しているか。

②汎用的スキルがツールとして使われているか。

◇**授業の実際**

～展開後段（2回目の試行活動に向けて作戦を立てる場面：創発場面）～

　——1回目の試行活動で材料を炒めた結果をもとに，どのようにすれば，よりおいしい野菜炒めをつくることができるか，再度グループで検討を行う。

〔グループでのやりとり〕

C：さっきはにんじんが先だったけど，玉ねぎが先がいいんじゃない。

C：にんじんは固いけどいいの？

C：玉ねぎの形が曲がっていて，炒めにくかったよ。

C：にんじんはわりと火が通っていたし。

C：にんじんは2番目に炒めてみよう。

C：ピーマンはやっぱり最後に入れるのがいいと思うけど。

T：玉ねぎから炒めていいのかな？

※1回目と炒める順番を変えたため，グループにもう一度順番を問い返すことで，2つの要素を明らかにして考えられているか確かめた。その結果，根拠を持って考え，目的

に合わせて調理しようとしていることを見取った。

C：玉ねぎは形が曲がっているし，大きいから炒めにくいよ。

C：さっきは少し辛かったから，2回目はもう少し炒めたいな。

T：**他の野菜はどんな順番がいいと思いますか？**

※話合いの内容から，「もっとこうしたら」「取り入れて」「いいのかな」など，2つの要素をもとに，汎用的なスキルを働かせながら，思考していることを見取った。

C：ピーマンはすぐ火が通って焦げるから最後がいいと思う。

C：強火はよかったけど焦げちゃったから時間を短くしよう。

C：1分減らして，4分で炒めるのはどうかな。

C：いいかもしれないね。

C：炒め方はどうする。

C：はしで混ぜながら炒めるといいんじゃない。

C：そうだね。さっきはけっこう，焦げたからね。

〜2回目の試行活動後の振り返り〜

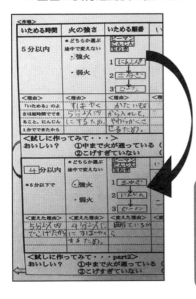

今日の学習で，コツは，火の強さ，順番，固さ，大きさ，形が大切ということが分かりました。次は中まで火が通っていることに注目します。

今日，料理をしてみて，おいしく炒めるコツは野菜を入れる順番や火の強さ，時間などが関係していると分かりました。次につくるときは，この3つに気をつけてつくってみたいです。

---(考察)---

　おいしい野菜炒めづくりを通して，家庭科の見方・考えを捉えさせるため，「焦げない」かつ「中まで火が通る」という要素を示したことで，子供たちはその2点を中心に炒める作戦（話合い）を立てることができた。また，要素を絞ったことで，教師も子供たちが適切に話し合えているかどうかを瞬時に判断しやすくなり，それに対してアプローチも的確に行うことができた。その結果，野菜を炒める際は，硬さも考慮するが，はじめに炒めて匂いをやわらげること，炒めにくい形の物から炒める方がよいということに気付くことができ，目的に応じた炒め方に対しての思考が深まった。

（八重樫 英広）

◇**単元名** 第6学年「遠く高くみんなでジャンプ（C 陸上運動ウ走り幅跳びエ走り高跳び）」

◇**本時のねらい（6/8 時間）**

高く跳ぶためのポイント（リズミカルな助走から上方へ踏み切って跳ぶこと）を考える。

◇**本時における創発の学びと集団的評価**

　陸上運動は，自己の記録に挑戦したり仲間と競争をしたりしながら，楽しむことのできる教材である。その中でも，走り幅跳びや走り高跳びは跳躍系に位置し，助走から踏み切り，空中局面を通って，着地するという構造は同じである。この2つの種目を続けて行うことで，走り幅跳びで学んだ知識を，走り高跳びで発揮することができるのではないかと考えた。そこで，走り高跳びの学びにおいて，走り幅跳びで身に付けた知識を活用して，高く跳ぶためのポイントを考える場面を本時の創発場面と設定した。子供たちが，創発するために，走り幅跳びの学習を結びつけられることを明示的に指導し，意図的に2つの種目の比較を行わせる。助走，踏み切り，空中姿勢などにおいて，走り幅跳びで学んだ知識をあてはめながら考え，走り高跳びのポイントを創発させたい。

　その際，「走り幅跳びの学びを結び付けて考え，走り高跳びでも生かせる動きや今までの運動経験をもとにしながら，走り高跳びのポイントを問い直す創造的な思考」や「走り幅跳びと比較して考え，その運動が当てはまるか，当てはまらないか『本当に』『他には』の視点で問い正す批判的思考」，「友達の考えに寄り添い，少しでも高く跳ぶことができるよう，肯定的な言葉をかけたり，行動的・精神的に支え合ったりする共感的思考」に着目しながら集団的評価を行い，適切な手立てを講じた。

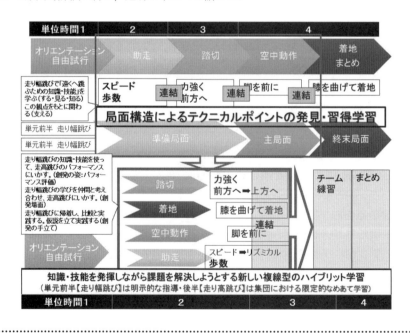

◇授業の実際

T：どうすれば高く跳ぶことができますか。

C：助走は，スピードをつけて走ります。

C：踏み切りは，上へ力強い踏切をすればよさそうです。

C：跳ぶときは脚を高く上げます。

T：では，グループごとに仮説を立てて検証しましょう。

～グループごとの課題解決～

C：助走スピードが速いほうが跳べるんじゃないかな。

T：どうしてそう考えたの？

※運動構造として，走り幅跳びと走り高跳びの助走は違う。知識を生かそうとする考え方は認めつつ，他の考えも促す意図で発問した。

C：幅跳びも遠くに跳ぶことができたから。

C：だって，走るスピードが速すぎると前に跳んでいくよ。

※仲間の発言を受けて批判的に考えようとしている。

T：本当にそうなの？やってみようか。

※２つの考えが出たことで，運動をしながら比較し，考えを創造することを促す。

～速いスピードで走ってみる～

C：速く走っても遠くに跳んでしまって上にはいかないね。

C：確かにそうなるね。

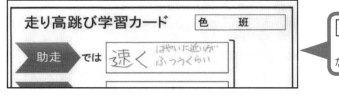

走り高跳び学習カード　色　班

助走　では　速く　はやいに近いが　ふつうくらい

> **授業後の学習カード**
> 仮説を検証し，明らかになったことをまとめている。

（考察）

　子供は，走り幅跳びの学びを走り高跳びに当てはめて考えていた。教師は，子供たちの発言を指摘するのではなく，問い返すことにより考えを引き出した。そして，子供は，実際の運動で試すことにより，確かな知識を形成することができた。体育の指導において，このような場面が出現することが多い。教師は，子供の発言を問い正すだけではなく，問い直すことで子供の考えを引き出し，集団の考えとしていくことが，大切な学びであると考える。

（菅原　純也）

実践例⑩	道徳科

◇**主題名**　第４学年約束やきまりを守るために【規則の尊重】

◇**教材名**　道子の赤い自転車（出典　学研教育みらい「みんなのどうとく４年」）

◇**本時のねらい**

　公共の場でのルール違反について考えることを通して，約束やきまりによって自分たちの生活が守られていることに気付き，心の弱さを乗り越えて，約束やきまりを進んで守るために必要な判断力を育てる。

◇**本時における創発の学びと集団的評価**

> 　本実践は，約束やきまりをついやぶってしまう人間的な弱さについて，それを乗り越えるためにはどうすればよいかを考えながら，自己を見つめる学習を通して，子供たちの道徳的判断力を育てることをねらいとして行った。
>
> 　そのねらいを達成するために，汎用的スキルを発揮させる場面として，グループでの話合いを設定した。また，抽出児を代表で話し合わせ，汎用的スキルを発揮するモデルとして学ぶ時間も設定した。
>
> 　その場面では，「なるほど」「確かに」という共感的思考を基盤としながら，批判的思考を用いて「本当にできるのかな」「そうは言うけれど」と実現の困難さに目を向けることを想定した。そして，困難さを乗り越えるために，「２つの考えを合わせると～」「こうしたらいいんじゃないかな」といった創造的思考を働かせることができると考えた。

◇**授業の実際**

〜展開後段（価値の主体化段階：創発場面）〜

　── 教材を通して，集団や社会の一員としての視点で自分の行動を見つめることで，自制心を持ったり，周囲に対する影響を考えたりすることの大切さを考えた後。

　　（乱れた図書室の本棚の写真を提示する。）

T：どのような思いを巡らせれば，本棚が乱れる状況を避けられたのでしょうか。グループで話し合ってみましょう。

〜各グループでの話合い〜

C：自分が本棚を整理すれば，他の人も整理するかな。

C：誰かが汚くするのなら，自分が直せばいいと思う。

C：誰かに整理してもらうのではなく，自分が本をきれいにする習慣をつけたらいい。

C：乱れているのが目立つように周りをきれいにする。

C：自分でやればいいけど，自分からできないときがある。自分がカバーするんだという気持ちを持てばいいと思います。

T：いろいろな考えがありますね。何人かの代表の話合いを聞いて，自分たちなりの「今の答え」を見付けましょう。

※グループでの話合いの発言等から，創造的思考・批判的思考・共感的思考を見取り，抽出児とした。

～抽出児による話合い～

C：めんどうくさいって言っていたけど，じゃあどうすればいいのかな。

C：誰かに任せれば，誰かがやってくれるからいいやってなるけど，雑に置けない環境をつくればいいんじゃないかな。

C：やってもやらなくてもいいけど，やればみんなのためになると考えればいいと思う。

C：めんどうくさいのは分かる。でも，図書室を見た人がどう思うか考えればいいと思う。

T：聞いていた周りのみんなはどんな意見を持ちましたか。

※抽出児の考えをもとに創造的思考を促し，一人ひとりが「今の答え」を見付けることができるようにするため全体に広めた。

C：なるほどと思う意見もあったけど，自分にできるかなぁと思った意見もありました。気付いたならば，周りのことを考えて行動したいと改めて思いました。

(考察)

　グループでの話合いでは，本棚の状況を改善するために，様々な方法を考えていた。しかし，本来のねらいであった「約束やきまりをついやぶってしまう弱さを乗り越えるためにはどうすればよいか」という視点から離れた部分もあった。教材による価値理解と実生活とのつながりを，子供たちが明確に意識できるような手立てが必要であった。

　抽出児による話合いでは，意図的指名をしたことによって，批判的思考から創造的思考への発展が見られた。このようにして話合いのモデルを見せ，さらに価値付けたことによって，その後の学習では，「それは分かるけど」や「だったらこうしよう」といった思考を働かせている様子が見られるようになった。

(谷藤　光明)

実践例⑪　外国語科

◇**単元名**　第6学年「My best memory　小学校生活の思い出を語ろう」

◇**本時のねらい（3/8時間）**

6年間の小学校生活や思い出に残る行事について自分の考えを伝え合う。

◇**本時における創発の学びと集団的評価**

　外国語科では，「創発場面において，子供の様子を姿や言動から捉え，会話を紡ぐことができるよう，次の手立てを考える」ことを集団的評価とした。これは，外国語科の特性として，英語を学ぶこと自体が学習の目的であり，それを用いながら課題解決を促すことは小学校段階では難しいと考えたからである。そこで，活発な英語運用になるための手立ても含めて集団的評価とした。

　本実践では，単元のゴールを「思い出アルバムづくり」と設定した。これは1〜6年生までの思い出アルバムをつくって紹介する活動である。今まで身に付けた表現を生かしながら，自分の思い出を仲間に伝え合う。

　本時の活動は，友達に思い出の行事を尋ね，学級の「思い出ランキング」を当てる。ランキングは，事前にアンケートを実施し，決まっている。ランキングを当てるためには，複数の仲間にインタビューし，より多くの情報を集めることで，正解する確率が上がる。そのことで，子供たちは，必然的にインタビューし合う。

　本時の創発場面は，仲間にインタビューする場面である。既習事項を用い，自由度のある英語運用の状況において会話を紡ぎながら（3〜5ターン程度）課題を解決しようとする姿を目指した。そのために，会話を紡ぐことができるように，モデルを示すことで話し方を理解させたり，視覚的にイメージさせたりした。活動中では，教師が肯定的フィード

バックを行い自信を持たせたり，表現の仕方を提案したりすることで，多様な表現ができるように促していった。その中で，言葉に頼らずジェスチャーや身振り手振りで伝えようとしていたり，友達の表現を話してみたり，表現したり，相手の言いたいことを察したりしながら会話を紡がせた。

◇授業の実際

Ｃ１：What's your best memory?

Ｃ２：My best memory is sports day.

Ｃ３：My best memory is school trip.

Ｃ１：う～ん。人数が足りなくて分からないな。もっと聞いてみたいな？

※グループの人数が限られていて，情報を集めることが難しい状況である。グループの混沌が見られる。自由に交流し，情報の数に差がつくことは，英語を話す機会にも差が出ることである。そこで，すべての子供に同じくらいの情報を収集させるために，手立てとして，学習形態（ジグソー学習*）の工夫を考えた。

*ジグソー学習とは，学習者が協力し合い，教え合いながら学習を進めていく学習方法。

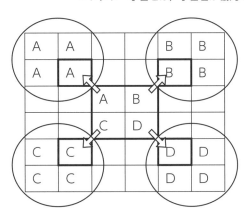

班の４人がそれぞれ別のグループをつくることで得られる情報が増える。そのため，複数の情報を整理し，自分たちの考えを再構築することができる。

〜グループ移動後〜

Ｃ１：What's your best memory?

Ｃ２：My best memory is school trip.

Ｃ１：**Oh!** Me too.

Ｃ３：**Why?**

Ｃ２：It's very exciting.（ジェスチャーでいか踊り）Dance.（ジェスチャーでキラキラ）Night view.

Ｃ１：**Great.**

Ｃ３：What food do you like in Hakodate?

Ｃ２：I like hamburger.

(考察)

　班の中では，情報が限られる。そこで，子供たちの思考は停滞すると予測した。集団的評価により，予測していたことが明らかになり，その手立てとしてジグソー学習を行った。１人が３人の考えを持ち寄ることができるので，一度にたくさんの情報を班の中に集めることができる。他の班の友達に尋ねることで，今まで知らなかった友達の思いを尋ね，その結果，会話を紡ごうとする姿が見られた。

（菅原　純也）

わかたけタイム（総合的な学習の時間）

◇**単元名**　第5学年「命を守る　未来をつくる

　　　　　　　　　　～東日本大震災，あの時と今，そして，これから～」

◇**本時のねらい（9/15時間）**

　東日本大震災についてスクラップ新聞に集めた記事から，新聞のリード文とテーマを考えることができる。

◇**本時における創発の学びと集団的評価**

　本単元は，東日本大震災を題材として設定した。震災発生当時，小学校入学前だった子供たちは，わずかな記憶はあるものの，災害の状況についてよく知らない。内陸部であるため，沿岸部に比べると被害も小さく，「復興」という言葉も自分事にはなっていない。そこで，発生当時から現在に至るまでの新聞記事から情報を集め，震災と復興の様子をスクラップ新聞にまとめ，発信する活動を通して，被災者の思いや願い，命の大切さに気付き，被災県の内陸部に住む自分たちができることを見つめさせたいと考えた。

　本時における創発の場面は，スクラップ新聞のリード文や見出しを話し合う場面である。子供たちは，個々の興味・関心に基づいて集めた新聞記事を持ち寄り，集団でリード文を考える。リード文に表したい言葉を選択したり，文章を統合したりする場面で共感的思考や批判的思考，創造的思考が発揮されると考えた。さらに，リード文から新聞全体のテーマ（大見出し）を考える。制限された文字数にどんな言葉を入れていくかを話し合うことで，本当に伝えたいことを問い直す批判的思考や，より的確に思いを表そうとする創造的思考が発揮されると考えた。本時における集団的評価は，共感的思考，批判的思考，創造的思考の3つの思考スキルがグループの中で働いているかを見取ることとした。教師が話合いの状態を即時評価し，フィードバックしていくことにより，ねらいに沿った創発場面になると考えた。

◇**授業の実際**

～集団で新聞のリード文や見出しを考える場面～

T：みなさんが集めた新聞記事から分かったことや考えたことをもとに，スクラップ新聞のリード文と見出しを話し合いましょう。震災発生時，復興の様子，未来に向けた取組の3つをどのように伝えるか考え合いましょう。

C：地震や津波の怖さを知ってほしいから，震災発生時のことを中心にしてリード文に入れたいね。

C：わたしもそう思う。内陸部の人は，わたしたちと同じように被害の大きさを知らない人もいるよね。

C：ぼくもそう思う。じゃあ，地震や津波の規模とか，被害の大きさを文に入れよう。

T：震災当時の様子を内陸部の人に伝えたいのですね。相手を考えていていいですね。で

も，みなさんの新聞を読むのは，内陸部の人だけですか。

※「共感的思考」を発揮しながら，コミュニケーションが成立しており，リード文に書く
　内容を検討できていると見取った。しかし，相手意識が内陸部に偏っていた。そこで，
　伝えたい相手は，本当に内陸部の人だけかなと問い直した。

Ｃ：ちょっと待って。被害の大きさを入れるのはいいけど，亡くなった人の数とか行方不
　　明の人の数を入れるのはやめたほうがいいかも。

Ｃ：ぼくもそう思った。被災地の人が読んだら，思い出して苦しくなるかも。

Ｃ：じゃあ，被害については書かないようにするの。

Ｃ：いや，被害については書くのだけど数値を載せないようにしよう。

Ｃ：復興の様子や未来に向けてがんばっている記事について書こう。○○さんの陸上の記
　　事も入れたいね。

Ｃ：明るい内容のリード文にして，応援したい気持ちを書くといいね。

Ｃ：お店を再開したこととか，これからどうなってほしいとか，未来の記事の方に注目す
　　る文にしよう。

Ｃ：記事の貼り方も，「過去」「現在」「未来」に分けて，「未来」が一番目立つようにする
　　といいね。

Ｔ：**内陸部の人や被災地の人など，読み手の立場を考えていますね。そして，未来のこと
　　に目が向くようにレイアウトまで考えましたね。このことを全体に伝えてください。**

※「批判的思考」を発揮しながら，相手意識を広げて自分たちの考えた文章を問い直して
　いた。また，内陸部の人に東日本大震災の記憶を風化させないでほしいという願いや，
　被災地の方を自分たちなりに応援したいという目的意識も持ちながら「創造的思考」を
　発揮して文章を考えていた。汎用的スキルを発揮し，話合いが順調に進んでいる様子を
　認め，学級全体に広げることを促した。

（考察）

　集団の学びの状態を汎用的スキルが活用されているかという観点で見取り，手立
てを講じた。共感的思考が発揮されず，意見の対立が起きているグループには，いっ
たん立ち止まって整理し直すことを促した。概ね意見がそろっているため，考えを
順調にまとめていたグループには，多角的に考えさせるために，本当にそれでいい
かと問い直した。教師自身も，共感的思考，批判的思考，創造的思考を発揮させな

がら子供の学びを見取り，即時評価してフィー
ドバックすることで，単位時間の目標に迫る話
合いをさせることができるようになった。さら
に，総合的な学習の時間に育成する４つの力（問
う力・追究する力・表現する力・見つめる力）や，
各教科の見方・考え方が発揮されているかを
同時に見取っていく手法を考えていきたい。

（関戸　裕）

実践例⓭　　情報教育

◆**単元名**　第5学年「レッツ！プログラミング part 1 ～アニメーションづくりに挑戦～」

◆**本時のねらい（4/10 時間）**

　反復を使ったプログラムのよさについて理解し，キャラクターを動かすために効率的な
プログラムを考え実行することができる。

◆**本時における創発の学びと集団的評価**

　　子供たちは，前時に順次のプログラムについて学習し，キャラクターが動くアニメーショ
ンを作成した。本時は，反復を使うことで順次よりも効率的なプログラミングを考えられ
るようにしたいと考えた。そこで，全く同じキャラクターの動きについて2種類のプログ
ラミングを子供たちに見せた。反復を使ったプログラムが簡潔にまとまっていることに気
付かせ，使用するプログラミングブロックを話し合った。子供たちは，「他に使えそうなプ
ログラムはないかな。」という批判的思考や，「○○さんの方法ならねらった動きになりそ
うだね。」という共感的思考，「このブロックを組み合わせるとできそうだ。」という創造的
思考を働かせながらブロックを考えた。前時よりも効率的なプログラムを試行錯誤しなが
ら作成していく過程で「創発」が生まれ，プログラミング的思考が高まっていくと考えた。

　　その際，評価の観点として，創発の学びにおける3つの汎用的スキルが発揮されてい
るかどうかを見取ることとした。子供たちが試行錯誤しながら話し合う様子を即時評価し，
フィードバックするために以下のような思考支援を行うこととした。

批判的思考……考えが滞り，課題解決に向かっていないときに視点を変える発問
　　　　　　　例）「本当に，このやり方でいいのかな？」「違う方法でもできないかな？」

共感的思考……ある一定の考え方にまとまり，その方向性が課題解決の条件に近づいて
　　　　　　　いると判断したとき，子供たちの考えに共感する声がけ
　　　　　　　例）「その方法，いいね。」「この方法なら解決できそうだね。」

創造的思考……思考が課題解決に向かっているとき，さらによい方法を見い出させるた
　　　　　　　めの発問
　　　　　　　例）「もっと簡単な方法はないかな？」「別のパターンにも使えるかな？」

◆**授業の実際**

～授業導入（前時との比較をする：創発場面）～

　── 前時とのプログラムの違いを子供たちに捉えさせ，反復のプログラムのよさを感じさせる

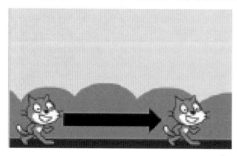

> **モデルアニメーション**
> キャラクター（猫）が左から右へ
> 移動する。

（「Scratch」を使用）

T：前回はこのプログラム（①）をつくった班が多かったですね。でも，こういうプログラム（②）を組んだ班がありました。

T：どうしてこういうプログラムを考えたのですか？

※前回組んだプログラムを批判的に考えさせることで反復のプログラムのよさを捉えさせようとした。

C：同じプログラムが続いているじゃないですか。同じものを書くのは時間がかかるから，「6回繰り返す」とした方が楽だからだと思います。

T：それってスクラッチのプログラムにないのかな？

C：あった！

C：「○回繰り返す」がありました。

C：「ずっと」もあります。

T：これらのプログラムを「反復」と言います。今日は，前回つくったプログラムを「反復」を使って変身させてみましょう。（話し合いながらの制作）

T：反復のプログラムを使ってみてどうでしたか？

C：早かった！

C：設定をするときに何回もやらなくていいから早くできました。

T：早くなったことでいいことはありましたか？

C：例えば，もし間違えたときでも1つ直せば済むと思います。

T：他には？

C：「○回繰り返す」の中に入れるブロックだけ変えればいいから簡単です。

※子供たちの考えが「プログラムを早くつくることができる」という点に偏っていたため，考えを広げたり深めたりさせるために発問した。

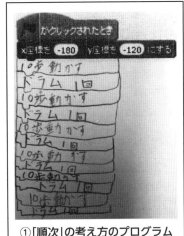

①「順次」の考え方のプログラム

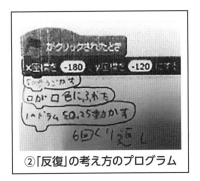

②「反復」の考え方のプログラム

（考察）

　子供たちは，反復のプログラムを使ってみて「早かった」「設定をするときに何回もやらなくていいから早くできた」など，反復のよさに気付くことができた。また，早くなってよかったことについて発問したことで，修正の手間が簡略化できることや変更の手順が少なくて済むなどのよさも見付け出すことができた。子供たちの実態を見取り，適切な評価をして思考支援を行ったことで，子供たちはプログラミングをより深く理解できたと考える。トライ＆エラーを繰り返しながらつくり上げることのできるプログラミングは，批判的思考や創造的思考を働かせるのに適した教材であると考える。

（伊藤 雅子）

実践例⓮	**特別活動**

◇**単元名**　第４学年「にじ組パワーアップ作戦

　　　　　　　　～学級を豊かにする係活動を考え，決めよう～」

◇**本時のねらい**

　学級を豊かにする係活動について考え，係ごとによりよい内容を決めることができる。

◇**本時における創発の学びと集団的評価**

> 　本議題は，「みんなで楽しいことを考えたい」「学級の力をより高めたい」という子供たちの願いを受け，より学級の生活を豊かにするという視点から係活動の向上をねらいとして行った。
>
> 　そのねらいを達成するために，汎用的スキルを発揮させる場面として，「創造的思考」を活用する場面を設定した。そこで多様な考えが出た際の合意形成の方法を考えさせ，共感的思考や批判的思考を用いながら，意見を統合したり折り合いをつけたりする過程で，創造的思考を引き出すことができると考えた。
>
> 　出し合いの段階では，「そういう方法もあるよね。」「それなら良さそう。」といった共感的思考を用いて発表された意見を見つめ，比べ合いの段階では，批判的思考を用いて「自主的にできるようになるかな。」「目的が変わってしまわないかな。」と問題を本質的に解決する方法を決めていく姿を想定した。その後,合意形成を図っていく中で意見を統合したり,折り合いをつけたりするといった創造的思考を働かせることができると考えた。

◇**授業の実際**

～展開部分　出し合いの段階から比べ合いの段階まで～

　──　議題を確認した後，出し合いの段階

議長：係活動にみんなが積極的に取り組めるようにするための意見を発表して下さい。

Ｃ：私は活動した係にポイントをつけるといいと考えました。活動しているかみんなも分かって活動しようと思うからです。

Ｃ：（頷きながら聞く。）

Ｃ：私はリクエストをすればいいと思います。リクエストがあると嬉しくなって楽しく活動できると思うからです。

Ｃ：ああ！確かに！

議長：ここで出し合いを終わります。

Ｔ：**相手の考えを認めながら聞いている姿が見られていいなと思いました。この後，発表されたどの意見も大切にしながら，どう決めていくかが大切だと思います。**

※共感的思考を用いていることの自覚化を促しながら，批判的思考と創造的思考を用いて合意形成していくことをねらった。

～出し合いの状況を教師が見取り，助言した後の比べ合いの段階～

議長：反対意見が多いようですが，賛成意見はありますか。

C：ポイント制もいいと思うのですが，やっぱりポイントのためにやるんじゃないと思うから，みんなで進んでできる方法がいいと思います。

C：私も同じでポイント制は，点数が欲しいってことに目が行くじゃないですか。ゲームみたいで楽しいし，みんながやるようになると思うんだけど，そういうのはどうなのかなあって思います。

C：点数がつくと，児童会のときとかでもみんな頑張って取り組んだから効果はあると思います。

T：**ポイントやシールの良さを生かしながら，係活動を楽しく，積極的にするという目的を意識するような方法はないでしょうか。**

※子供たちが批判的思考に偏っていると判断し，創造的思考を用いることができるようにする目的で助言を行った。

C：ただポイントをつけたり，シールを貼ったりするのではなく，シールで1つの絵をつくってみたらいいと思います。みんなも活動できて，さらに達成感があるからみんなで形にするのがいいと思います。

(考察)

　学級会においては，子供たちの考えの表出は共感的思考，創造的思考，批判的思考によるものがほとんどで，教師はそれらを話合いの流れの中で見取り，適切に助言をして，よりよい合意形成・意思決定に向かっていけるようにする必要があると考える。しかし，話合いが活発に進まない初期の頃や，話合いが停滞している場面などでは，教師が価値付けることで，汎用的スキルを活用している実感や成長している実感を持たせることができると考えた。実際に，各教科・領域で活用されている汎用的スキルを，教師の見取りや価値付けを通して，学級会の場面でも用いることができていた。今後も，各教科・領域と学級会との両輪で汎用的スキルを伸ばしていくことが肝要であると考える。

(谷藤　光明)

IV

人間の創造性を豊かにする
「これから求められる学び」
とは

〔1〕「創発の学び」の実現に取り組んだ4年間 ～成果と課題から見えてきたこと～

　これからの社会は変化の激しい時代と言われ，その場そのときに他者と協働しながらよりよい社会の実現に参画し，自らの持てる力を精一杯発揮して自己実現を図りながら，未来を切り拓いていく力を子供たちの中に創造的に培わなくてはならない。

　そこで私たちは，平成27年度から30年度までの4年間，文部科学省国立教育政策研究所研究指定校事業「論理的思考」を受け，「個々の考えを合わせながら，集団で新しい価値を生み出す力」を軸とした教育課程の創造，そして学校教育目標である「未来を切り拓く人間」の育成に取り組んできた。その結果，以下の成果を得ることができた。

○各教科等の学びの中で児童が明確に課題意識を持ち，必要感を感じる課題を設定することで，創発の場面において「汎用的スキル」が発揮され，そのことが各教科等の見方・考え方をより働かせることにつながり，深い学びを実現することができた。

○育成を目指す資質・能力を効果的に育むため，「集団的評価」，「パフォーマンス評価」，「ポートフォリオ評価」に取り組んだことで，従来の教師による一方向の評価ではなく，児童側に立った双方向の評価観を教師間で共通に認識することができた。

○思考支援としての事中評価である「集団的評価」を行うことが，創発の場面における「汎用的スキル」を活用した深い学びの実現に効果的であり，教師と子供との双方向のコミュニケーションが活性化し，生き生きとした学びの姿が見られるようになった。

　多くの成果を得ることができた一方で，以下のような課題も見えてきた。

●集団で新しい価値を創り出す営みをより充実させるためには，改めて個を大切にした学びを構築していく必要があること。

●これからの社会の中で，人間が有する強みを発揮しながら，誰もが豊かに生きていこうとするための資質・能力の育成が望まれること。

●各教科等の学びを中心に育成を目指す資質・能力や汎用的スキル，働かせる見方・考え方を研究してきたが，それらを教科横断的に結び付け，より汎用性を持たせて育成していくという視点からのカリキュラム・マネジメントを一層推進していくこと。

子供たちが課題解決に向けて，集団の中で主体的・対話的に学びに向かう過程で，適切な教師の思考支援により，自己の変容を感じたり新しい価値が創造したりする深い学びが実現されることが明らかになった。しかし，集団での学びをより充実させるため，「個のよさ」を発揮させることの重要性も明らかになってきた。そこで今後は，教育課程を意図的に結び付けながら，子供たち一人ひとりが持っている力を働かせたり高めたりすることで，集団の学びをより充実させていくという研究の方向性が見えてきた。

〔2〕 これから求められる学び
～子供の「感性」に着目した学びへ～

これからの社会の変化が激しくなる要因として、AI等に見られる先端技術の高度化が挙げられる。AIは、膨大な情報を統計的、論理的に分析し、瞬時に答えを導き出す力に強みがある。人間の処理速度や正確性はAIには及ばなく、この先AIに代替される能力の1つであると考えられる。その一方で、人間の強みも確かに存在する。例えば、人間だけが持ちうる感覚的な判断を基

にして創造的に思考することや、仲間と関わり新しい価値を創り出すことである。具体的には、「美しいものを感じること」「直観的に判断すること」「自らの意思で行動すること」「よさを感じる作品を創り出すこと」などである。これは人間だけが持つ力であり、この先AIが発展した社会になろうとも、人間だけが有する強みであると言える。

学習指導要領では「知識及び技能」「思考力・判断力・表現力等」「学びに向かう力、人間性等」の3つの資質・能力を育むことが示されている。これらの新しい時代に求められる資質・能力は、主体的・対話的で深い学びの視点からの学習過程の改善において、育成を目指している。

例えば、未知の課題に対峙した際に、問いを持ち、既有の知識・技能を実際に働かせ、思考・判断・表現を繰り返しながら、あきらめずに学びを調整する場面が想定される。このよう

な学びの構造は、中教審答申（平成28年12月21日）における「一方で人間は、感性を豊かに働かせながら、どのような未来を創っていくのか、どのように社会や人生をよりよいものにしていくのかという目的を自ら考え出すことができる。」を具現化するものであり、未来をつくる担い手として、感性を働かせることの重要性について述べている。

同じように、岩手県でも未来を創

る担い手として，世界で活躍する人材の育成を目指している。その取り組みの一つとして「岩手の復興教育」の推進が挙げられている。イノベーションと復興教育は，共に未来の創造を目指しており，「岩手だからこそできる教育，やるべき教育」と述べている。未来の創造は，新たな課題に向かって探究していくというプロセスを経ることから，「思考力・判断力・表現力」の育成につながり，

日常生活のどんな場面に遭遇しても対処できる対応可能な力を育むこととなる。これは，本研究の人間の強みを生かしていくというねらいと合致しており，人間の強みを生かしながら誰もが幸せに暮らすことのできる地域を創り出すことにつながってくる。

　そして，これからの社会で求められるのは，自分の考えを論理的に構築する人材だけでなく，新しい価値を飛躍的に創出する人材や，真理や美といった感覚的な発想を持つ人材である。つまり，これからの社会を生き抜く子供たちを育成するためには，論理的な思考だけでなく，感覚的な思考も必要であることが伺える。
　そこで，今後は子供が本来持つ「ゆたかな感性」を着眼点としながら，学校教育目標でもある「未来を切り拓く人間の育成」に迫ることとした。

〔3〕「ゆたかな感性を働かせる子供の育成」とは ～直観的感性と創造的感性～

　本研究では，感性を次のように捉えた。

> 正しさ，よさ，美しさ，快さ，おもしろさ，不思議さ等を子供らしく感じ取り，表出するための心の動きや能力。

　「子供らしさ」とは，固定観念，既成概念，文脈に捉われない純粋に対象と向き合う様子と捉えた。対象に対して，歓声をあげたり，完成に向けて没頭したりする姿が想像できる。
　「感じ取り，表出すること」は，感性の働きである。今次研究では，対象から情報を感じ取る場面（インプット）と，自分なりの考えを表出する場面（アウトプット）とし，2つの可視化できる場面に整理して，感性を働かせる子供を育成する方途を明らかにすることを目的とした。
　また，本研究では，感じ取る感性を「直観的感性」，表出する感性を「創造的感性」と定義した。

> 「直観的感性」とは　対象から直観的に感じ取る感性（インプット）
> 「創造的感性」とは　対象に向けて知識及び技能や思考力・判断力・表現力等の発揮を方向付け，独創的に表出する感性（アウトプット）

　次に，「ゆたかさ」についてである。本研究では，ゆたかさを以下の2点で捉えている。
　1つ目は，対象から直観的に感じ取る感性（インプット）「直観的感性」と，対象に向けて知識及び技能や思考力・判断力・表現力等の発揮を方向付け，独創的に表出する感性（アウトプット）「創造的感性」とを働かせることのできるゆたかさである。各教科等の学びの中で，繰り返し働かせることにより，より自覚的に対象から感じ取ったり，創り出したりできる状態を「ゆたか」と捉えた。
　2つ目は，知識（技能を含む）と経験のゆたかさである。感性は，知識や経験が基盤となり発揮されるものである。対象への知識があるからこそ，感じ取れることがあり，表出する知識があるからこそ，新たな価値が創り出されることがある。また，社会の構造が劇的に変化し，必要とされる知識も急激に変化し続けることが予想される中，義務教育に求められるのは，常に流行の最先端の知識を追いかけることではなく，むしろ，学びの基盤を固めることであると考えられる。つまり，我々は，教科の本質・特質を踏まえ，教科の文脈の中で，適切な知識を子供たちに身に付けさせていかなければならないのである。そして，知識がゆたかになることで，対象への感じ方も大きくなり，表出する言語や方法も多様になると考える。このような状態を2つ目のゆたかさと捉えた。
　また，本研究では，「ゆたか」をひらがなで捉えている。ひらがなの持つ美しさや，曲

線のやわらかさを直観的に感じ，自分たちなりの「ゆたかさ」を形成していってほしいという思いを込めている。また，漢字の持つ力強さではなく，「たわむとも　折れぬ若竹」のような，芯のあるしなやかさを持った子供を育てたいという願いからである。

　そして，子供が持つ「ゆたかな感性」に着目して研究を進める際，大切にしなければならない教師の構えがある。それは，「子供を学びの中心に据え，子供主体の学びを創る」ということである。教師主導の学びでは，教師が子供を教科の文脈に乗せ，学びの先を見せながら進めていくことが見られる。つまり，子供が学びの主体者となり，知的好奇心を持ちながら生き生きと学んでいる様相とは異なる様子が見られるということである。

　子供が本来持つ「感性」を着眼点としたこれからの研究では，子供を学びの中心に据え，より自由にかつ人間的に感じ取ったり，多様に表出したりする学びを創ることが求められる。つまり教師には，子供らしさを受け止め，今まで以上に子供に寄り添いながら学び創ろうとする構えが必要となる。そして，子供が「学びたくなるしかけ」を大切にしながら，「無意識に感嘆の声が漏れる」「子供が熱心に自分の考えを主張する」といった姿が見られる学びを構想しなければならない。一言で表せば，「学ぶことが純粋に楽しい学び」の構築である。そういった学びの中だからこそ，子供は「感性」を働かせることができると考える。

　そこで，教育課程全体を「感性」で結び付けること（カリキュラム・マネジメント）を視野に，各教科等でこれまでの創発の学びに関する研究を振り返りながら，「各教科等における感性の捉え」や「各教科等で目指す子供像」を明らかにすることから，新しい研究をスタートさせようと構想している。

　本校のこれからの研究が，子供たち一人ひとりが自分の強みを発揮し

ながら未来を切り拓いていくこと，そして，仲間と力を合わせて知恵を出し合い，人間の強みを生かしながら，誰もが幸せに暮らすことができる地域を創っていくことに資することを願いながら，日々の授業研究・教育課程の創造に取り組んでいきたい。

【参考・引用文献】

- 文部科学省国立教育政策研究所研究指定校事業「論理的思考」研究協議会・研究成果報告書（2015 ～ 2018）
- 安彦忠彦（2014）「「コンピテンシー・ベース」を超える授業づくり－人格形成を見すえた能力育成をめざして」（図書文化）
- 石井英真（2015）
「今求められる学力と学びとは－コンピテンシー・ベースのカリキュラムの光と影－」（日本標準）
- 奈須正裕・江間史明（2015）「教科の本質から迫るコンピテンシー・ベイスの授業づくり」（図書文化）
- 松尾知明（2014）「教育課程・方法論－コンピテンシーを育てる授業デザイン」（学文社）
- 松下佳代（2007）「パフォーマンス評価－子供の思考と表現を評価する－」（日本標準）
- P. グリフィン B. マクゴー E. ケア編（2014）21 世紀型スキル　学びと評価の新たなかたち (北大路書房)
- 恩田　彰（1994）「創造性教育の展開」（恒星社厚生閣）
- 奈須正裕・諸富祥彦（2011）「答えなき時代を生き抜く子どもの育成」（図書文化）
- 奈須正裕・守屋淳・澤田稔・上地完治（2014）
「子どもを学びの主体として育てる－ともに未来の社会を切り拓く教育へ」（株）ぎょうせい
- 奈須正裕・江間史明（2015）「教科の本質から迫るコンピテンシー・ベイスの授業づくり」（図書文化）
- 髙口努（2015）「資質・能力を育成する教育課程の在り方に関する研究報告書 1 ～使って育てて 21 世紀を生き抜くための資質・能力」国立教育政策研究所
- 桑原隆（1992）「ホール・ランゲージ　言語と子どもと学習　米国の言語教育運動」国土社
- 那須正裕・江間史明（2015）
「教科の本質から迫る　コンピテンシー・ベイスの授業づくり」図書文化社
- 松下佳代（2010）
「〈新しい能力〉は教育を変えるか　学力・リテラシー・コンピテンシー 」ミネルヴァ書房
- 国立教育政策研究所（2016）「国研ライブラリー 資質・能力［理論編］」東洋館出版社
- 松下佳代（2013）「〈新しい能力〉と学習評価の枠組み」
- John Hattie[著] 山森光陽 [監訳]（2018）
「教育の効果―メタ分析による学力に影響を与える要因の効果の可視化―」図書文化社
- 澤井陽介・加藤寿朗（2017）「見方・考え方」東洋館出版社
- 国立政策研究所編（2016）「資質・能力」東洋館出版社
- 西岡加名恵・石井英真・田中耕治（2015）「新しい教育評価入門」有斐閣コンパクト
- 澤井陽介（2015）「社会科の授業デザイン」東洋館出版社
- 黒澤　誠（1983）「実践のための算数教育原本 (上)」第一法規出版
- 中嶋　健三（2015）「算数・数学教育と数学的な考え方」東洋館出版
- 一般社団法人日本理科教育学会（2017）「理科の教育　10, 11, 12　理科の教育の本質を追究する」
- 菅野恵理子（2015）「21 世紀の教養を創るアメリカのリベラル・アーツ教育　ハーバード大学は「音楽」で人を育てる」（アルテスパブリッシング）
- エレナ・マネス著　柏野牧夫監修（2012）「音楽と人間と宇宙」（ヤマハミュージックメディア）
- 「図画工作　みかたがかわる授業づくり」（平成 18 年）東洋館出版
- 「うみだす教科の内容学」（平成 26 年）東京学芸大学連合大学院教員研究プロジェクト
- 伊藤葉子編著（2018）「新版　授業力ＵＰ　家庭科の授業」（日本標準）
- 荒井紀子編著（2012）「パワーアップ！学び、つながり、発信する家庭科」（大修館書店）
- 松村昌紀（2012）「タスクを活用した英語授業のデザイン」大修館書店
- 松村昌紀編（2017）「タスク・ベースの英語指導―TBLT の理解と実践」大修館書店
- Jane Willis（2003 ）「タスクが開く新しい英語教育」開隆堂
- 国立教育政策研究所　教育課程研究センター（2019）
「みんなで，よりよい学級・学校生活をつくる特別活動　小学校編」（文溪堂）

【研究会同人】

《令和元年度》

校　　　長	今 野　日出晴		
副 校 長	菅 野　亨		
国 語 科	小 田　誠	佐々木　信 幸	大 森　有希子
社 会 科	橋 場　美 和	阿 部　智 央	関 戸　裕
算 数 科	伊 東　晃	楢 木　航 平	白 石　円
理　　科	黄川田　健	市 川　あゆみ	高 室　敬
生 活 科	久 慈　美香子	高 室　敬	
音 楽 科	小 川　暁 美	伊 藤　陽 平	松 舘　慧
図画工作科	金 子　裕 輔	上 田　佳 穂	
家 庭 科	伊 藤　雅 子	遠 藤　真 央	
体 育 科	渡 辺　清 子	遠 藤　勇 太	菅 原　純 也
道 徳 科	川 村　晃 博	谷 藤　光 明	板 垣　健
外 国 語 科	大 森　有希子	菅 原　純 也	
総合的な学習の時間	関 戸　裕		
特 別 活 動	谷 藤　光 明	橋 場　美 和	
情 報 教 育	関 戸　裕	伊 東　晃	伊 藤　雅 子

《平成 30 年度》
　　山 本　一 美（算数）　　間 瀬　奈緒子（国語）　　松 村　毅（体育）　　佐 藤　真（算数）

《平成 29 年度》
　　山 崎　浩 二（校長）　　阿 部　真 一（副校長）　　根木地　淳（体育）　　小 原　ひとみ（国語）
　　菊 池　香ゆり（国語）　　佐々木　透（図画工作）　　八重樫　英 広（家庭）

《平成 28 年度》
　　菊 池　真理子（音楽）　　尾 崎　尚 子（理科）　　山 根　大 輔（音楽）　　守 屋　恵 里（生活）
　　菊 地　光 史（国語）

《平成 27 年度》
　　紀　　　修（副校長）　　馬 場　宣 彦（生活）　　菊 池　信 夫（算数）

子供の『創造性』を豊かにする授業
——集団で新しい価値を生み出す「創発の学び」の実現とこれから——

2020 年 8 月 29 日　第 1 刷発行

著　　者　　岩手大学教育学部附属小学校©

発 行 者　　伊 東 千 尋

発 行 所　　教 育 出 版 株 式 会 社
　　　　　　〒135-0063　東京都江東区有明 3-4-10　TFTビル西館
　　　　　　電話 03-5579-6725　振替 00190-1-107340

Printed in Japan　　　　　　　　　　　　組版　合同会社 MV プロジェクト
乱丁・落丁本はお取替いたします。　　　　印刷　神谷印刷
　　　　　　　　　　　　　　　　　　　　製本　上島製本

ISBN978-4-316-80480-4　　C3037